호흡법·몰입법을 통한

절대집중
공부법

호흡법·몰입법을 통한 **절대집중 공부법**

© 이재철, 2015

1판 1쇄 발행 _ 2015년 10월 05일
1판 4쇄 발행 _ 2021년 04월 30일

지은이 _ 이재철
펴낸이 _ 홍정표

펴낸곳 _ 세림출판
　　　　등록 _ 제 25100-2007-000014호

공급처 _ (주)글로벌콘텐츠출판그룹
　　　　대표 _ 홍정표　이사 _ 김미미　편집 _ 권군오 하선연 문유진 홍명지　기획·마케팅 _ 이종훈 홍혜진
　　　　주소 _ 서울특별시 강동구 풍성로 87-6　전화 _ 02-488-3280　팩스 _ 02-488-3281
　　　　홈페이지 _ www.gcbook.co.kr　메일 _ edit@gcbook.co.kr

값 13,800원
ISBN 978-89-92576-70-3 03320

호흡법·몰입법을 통한

절대집중 공부법

이재철 지음

세림출판

글을 시작하며

◉

"우리가 이뤄낸 수많은 발견 중에서 가장 위대한 것은,
단지 습관(習慣)을 바꾸는 것만으로도
스스로의 인생이 확 바뀔 수 있다는 사실이다."

월리엄 제임스
(William James, 1842~1910, 미국의 심리학자·철학자)

삶의 속성

누구에게나 예외 없이 한 번뿐인 삶이 공평하게 주어진다.

그리고 대부분의 사람들은 주어진 삶에서 어떤 목표나 가치를 추구하며, 가치를 실현하기 위해 다양한 노력을 기울이며 살아간다. 삶의 속성인 목적성(目的性)이 그것이다.

이런 연유로 사람들은 다양한 삶의 목표를 세우고 그 목표를 성취하기 위해 각고의 노력을 기울인다. 때론 좌절과 절망의 늪에서

몸부림치면서도 거기에 머물지 않고, 새로운 각오와 노력으로 보다 나은 삶을 위해 나아간다.

한 걸음 더 나아가 훌륭한 인격과 뛰어난 능력을 갖추길 원하며, 이런 바탕 속에서 가족과 이웃, 더 나아가 국가와 인류에 공헌하는 삶을 지향한다. 행복하고 보람 있는 삶을 추구하는, 이른바 성공적인 삶을 꿈꾸는 것이다.

하지만 성공적인 삶은 누구에게나 쉽게 주어지는 것은 아니다. 원하는 바를 이루기란 쉽지 않다는 것이다. '삶은 고해(苦海)'라는 말처럼, 삶의 조건과 환경은 치열하고 척박하다. 반면, 인간은 연약하고 유한하다.

절망을 딛고 일어서고, 새로운 각오의 칼날을 세우고, 눈을 부릅뜨고 주먹을 불끈 쥐어보지만, 노력은 물거품이 되고 각오의 칼날은 작심삼일(作心三日)에 그치기가 십상이다. 이렇듯 희로애락이 무상(無常)한 삶의 속성상 사람들은 행복보다는 불행, 성취감보다는 좌절, 기쁨보다는 고통을 느낄 때가 더 많은 편이다.

그렇다면 성공적인 삶을 영위하기 위한 방법은 무엇인가. 공부나 하고자 하는 일, 이루고자 하는 목표를 뜻대로 얻어내는 비결은 어떤 것일까. 능력 있는 사람이 된다는 것은 정녕 어려운 일인가. 날마다 매 순간마다 즐겁고 의미 있는 무엇인가를 성취함과 동시에 행복감 넘치는 그런 삶의 길은 없는 것일까.

자수성가(自手成家)

　1948년, 나는 전라남도 나주에서 태어났다. 호남평야를 가로지르는 영산강변에서 농사를 지었던 한 가난한 집안이었다. 우리나라가 일본의 강점에서 벗어나 해방을 맞은 지 불과 3년이 지났을 때였고, 다시 3년 후 6·25전쟁을 만났으니 나는 그야말로 우리나라 근대사의 격동기에 태어나 유년기를 보낸 셈이다.

　당시 어린 나의 눈에 비친 그 시절의 세상은, 모든 것이 궁핍했고 혼란스러웠다. 하루 세 끼 밥을 먹기조차 힘들었다. 모든 것이 넘치고 풍요롭기 이를 데 없는 오늘, 문득 돌이켜보면 어떻게 그 힘들었던 시절을 보냈나 싶을 정도로 내가 겪었던 가난은 참으로 모진 것이었다.

　그렇게 지독한 가난과 척박한 환경 속에서도 '허무맹랑한 꿈'을 품고 추구하고자 했으니 어쩌면 나에게 '돈키호테적 기질'이 감춰져 있었는지도 모르겠다.

　열심히 공부하면 반드시 성공할 수 있다는 믿음을, 마치 신앙처럼 가지고 있었던 것이다. 가난과 집안 형편 때문에 고등학교 2학년을 두 달 다니다가 학업을 중단해야 했지만, 공부를 포기하거나 성공을 향한 꿈까지 버리지는 않았다. 어쩌면 공부를 하는 것 외에 다른 탈출구가 없음을 본능적으로 깨달았던 것 같다.

　농사일을 하면서 그야말로 주경야독으로 공부했고 검정고시를 거쳐 마침내 서울대학교 법과대학에 진학했다. 대학 재학 중 군에 입대했으며 자원해 월남전에 참전하기도 했다. 군에서 제대 후 복학한 나는 대학에 재학 중이던 1976년 마침내 꿈에 그리던 사법시험(제18회)에 합격했다.

이후 18년간 판사로 재직했고, 이어서 변호사 업무를 시작하여 어느새 40년째 법조인의 삶을 살아오고 있다.

그대, 어떤 삶을 꿈꾸는가

'여건에 순응하는 그런 편안하고 수동적인 삶을 살 것인가, 아니면 힘들고 고통스럽더라도 능동적이고 적극적인 삶을 살 것인가.'

멋진 인생을 꿈꾸며 열심히 공부하던 십대 청소년 시절, 집안 사정으로 학업을 중단하게 됐을 때였다. 그해 여름, 들판에서 농사일을 돕다가 문득 이런 본질적인 고민에 봉착했다. 물론 숱한 번민 끝에 내린 결론은 후자였다.

이후부터 나는 망설이거나 탓하거나 뒤돌아보지 않았다. 삶에 대한 뚜렷한 목표를 수립했고, 보다 나은 삶을 위해 열정을 잃지 않고 온갖 어려움을 감수해가며 쉼 없이 노력했다.

예컨대 어느 순간 어떤 상황에서든 100% 몰입해 공부하거나 업무를 처리하려 했고, 마침내 하나하나 결실을 이뤄내기 시작했다.

이런 실천 과정을 통해 기대 이상의 결과물도 얻어낼 수 있었다. 공부나 업무에 관한 능력계발 방법을 발견했고, 이를 통해 기대했던 것 이상의 놀라운 능력을 발휘할 수 있었으며, 결국 인생 자체가 충실하고 행복해질 수 있다는 것을 깨닫게 된 것이 그것이다.

나의 개인적인 경험과 생각을 굳이 정리하게 된 이유도 성취의 배경과 방법을 공개하고, 이왕이면 여러 사람들과 공유하자는 생각에서 비롯되었다. 이제 그동안 연구하고 체험하고 생활화함으로써, 내 삶의 원동력이 된 '삶의 방법'을 의미 있는 삶을 갈망하는 사람들과 공유하고 싶다.

내가 이 책에서 강조하는 것은 '무엇(What)'이나 '왜(Why)'가 아니라, '어떻게(How)'이다. 공부나 능력 그리고 행복한 삶을 '어떻게' 이룰 수 있는가에 대한 방법을 같이 생각하고 나눠보고자 하는 것이다.

아무쪼록 이 책이 배움에 정진하는 학생, 성공적인 인생과 행복한 삶을 바라는 모든 사람들, 현대사회의 치열한 생존경쟁 속에서 삶의 무게에 짓눌리고, 목표하는 바를 이루지 못해 아파하는 사람들에게 작은 도움이라도 된다면 기쁨이고 보람이 아닐 수 없겠다.

2015년 9월

이재철

Contents

제2장 집중하는 공부의 길

제3장 최고 능력자의 길

제4장 집중력을 기르는 호흡의 길

제5장 행복한 삶의 길

제1장

신념과
열정의 길

모든 위대한 것은 목숨을 내거는

극한의 가능성이 발휘되는 경우에만 실현되는 것이요,

죽음은 언제나 대신할 수 없는 나 자신의 죽음이다.

– 박종홍 교수
(1909~1976, 교육자·철학자·사상가)

1 / 신념과 열정의 길

아, 서울법대

매섭도록 추운 날이었다.

45년 전이었던 1970년 2월 3일, 그날에 대한 기억은 아직도 뇌리에 생생하다. 당시 서울 종로구 동숭동에 있던 서울대학교 문리과대학 교정에는 하얀 눈이 소복이 쌓여 있었다. 뺨을 때리듯 매섭도록 차가운 겨울바람이 몰아치고 있었다.

학교 건물 벽면에는 서울대학교 법과대학 신입생 합격자 명단이 붙어 있었다. 많은 인파들 사이에서 나는 내 수험번호와 이름이 적힌 합격자 명단을 확인하고 또 확인했다.

나도 몰래 눈물이 쉴 새 없이 흘러내렸다. 합격했다는 사실이 도무지 믿기지 않았다. 심장은 터질 듯이 벅차올랐다. 엄동설한의 매서운 추위도 느껴지지 않았고, 내 마음은 따스한 봄날처럼 황홀했다. 태어나 처음으로 절절하게 느껴본, 온 세상을 다 얻은 듯한 그런 성취감이었다.

배움을 향한 열망

1948년, 나는 전라남도 나주 빈촌(貧村)의 가난한 집안에서 태어났다. 유년 시절에 대한 기억은 푸른 들판과 논밭, 그리고 북적이던 형제들과 가난과 배고픔 같은 것들이 대부분이다.

6·25전쟁 직후였던 터라, 그 시절엔 삼시 세 끼 밥을 먹는 사람이 거의 없었을 정도로 다들 가난했지만, 우리 가족이 겪은 가난은 더욱 모질었다.

유년 시절, 나는 또래에 비해 키도 좀 작고 병치레가 잦았으며, 말도 늦게 트이는 등 병약한 편이었다고 한다. 그런 탓에 부모님은 내가 아홉 살이 됐을 때까지 초등학교에 보낼 생각을 하지 않았다.

그러던 중에 나랑 함께 놀던 막내 삼촌이 초등학교에 입학했고, 그걸 본 내가 울고불고하여 뒤늦게 입학하게 되었다. 당시 며칠 동안 밥도 먹지 않으며 하루 종일 울며 떼를 썼던 기억이 어렴풋하게 난다.

그 시절 나는 산등성 위로 걸쳐진 무지개의 아름다움을 바라보며 동화 속의 세상을 꿈꾸기보다 학교에서 돌아오면 집안의 농사일부터 도와야 했다.

배고픔은 늘 작고 새까만 아이를 따라다녔다. 나는 틈날 때마다 또래 아이들과 함께 산과 들을 헤매며 열매와 칡뿌리 등으로 주린 배를 달랬다. 그럼에도 이상하게 공부에 대한 열망은 컸던 것 같다. 당시 내 주변에 공부를 잘해 성공한, 닮고자 하는 그런 부러운 사람이 있었던 것도 아니었다.

배워야 한다는 것은 거의 무조건적인 욕망이었다. 철이 들 무렵부터, 배고프고 고단하기만 한 현실에서 벗어나기 위해서는 오로지 공부밖에 없다고 생각했던 것이다.

이처럼 배움에 대한 열망이 컸던 까닭인지 가난 속에서도 초등학교를 일등으로 졸업했다. 중학교는 목포에 있는 기독교계 중학교에 진학했는데, 장학생으로 학비 전액을 면제받았다.

당시 목포에 있던 외갓집에서 숙식을 해결했다. 집안 청소 등 크고 작은 일을 도맡아 해야 했고, 책값 등 이런저런 생활비를 마련하기 위해 새벽마다 신문배달을 하기도 했다.

그렇게 3년 동안 중학교를 다녔고, 우수한 성적으로 졸업했다. 연이어 고등학교에 진학했으나 사정상 외갓집에 더 이상 머무를 여건이 되지 못했다. 그렇다고 혼자 하숙이나 자취를 하며 공부할 경제적 형편은 더더욱 아니었다.

결국 고등학교 2학년을 두 달 다니다가 학업을 중단해야 했다. 어린 시절부터 남달리 열망해왔던 학업을 포기하고 완행열차에 몸을 싣고 나주 고향집으로 귀향하는 내내 눈물만 흐를 뿐 아무것도 보이지 않았다.

'최고'를 향한 날갯짓

고향집으로 돌아온 내 앞에는 농사일이 기다리고 있었다. 농사 외에는 딱히 할 일이 없었다. 나는 모내기, 김매기, 벼 베기, 보리파종 등 닥치는 대로 일했고, 장마철이면 수해복구 작업과 길 만드는 일 등 이런저런 노동도 해야 했다.

노동은 힘들었다. 한여름 찌는 듯한 폭염 속에서 어른들과 같이 김을 맸다. 억센 볏잎들에 아직은 여린 나의 얼굴과 팔뚝이 쓸려 피명이 들었다. 무거운 지게를 지느라 등허리에서는 진물이 흘렀다.

육체적으로 힘들고 고달프기도 했지만 암울한 미래가 더욱 걱정스러웠다. 그럴 때마다 학업을 중단해야 하는 가난한 처지가 서럽게 느껴지곤 했다. 한창 예민한 사춘기 시절이었지만, 그렇다고 부모나 세상을 원망하거나 절망의 나락에 빠져들지 않았던 것이 그나마 다행이었다.

미래는 어둡고 희미했지만 그럴수록 배움에 대한 뜨거운 열망이 가슴속에서 용솟음쳤다. 생존의 무게가 나를 짓누를 때마다 '이렇게 살아선 안 된다, 어떻게든 배워야 한다'는 신념이 더욱 강해졌다. 그리고 어느 순간, '독학을 해서라도 서울대 법대에 진학하겠다'는 황당하리만치 무모한 결심을 하기에 이르렀다.

당시 나는 전라남도 지역을 벗어나 본 적이 없었다. 세상이 그렇게 넓고 서울대 법대에 합격한다는 것이 그렇게 호락호락한 일이 아니란 사실도 제대로 알지 못했다.

지금 생각해도 당시 무슨 이유로 그런 목표를 세웠는지 모르겠다. 다만 장차 판검사가 되려면 전국에서 최고의 수재들이 모인다는 서울대 법대에 진학해야 하는 것으로 학창 시절에 여기저기서 주어들었을 뿐이다. 서울에 있는 사립대학은 등록금이 비싸 아예 엄두도 내지 못했던 까닭이 아닌가 싶다.

만용은 무지의 소산이라고 하였던가. 그 동기가 어쨌든 나는 마치 불꽃을 향해 날아드는 불나방처럼, 당찬 꿈을 향해 날갯짓을 시작했다.

주경야독(晝耕夜讀)

혼자서 공부하는 고등학교 과정은 책을 마련해 농사일 틈틈이 혼자 공부하는 식이었다. 모내기를 하면서, 김을 매면서, 지게질을 하면서, 삽질을 하면서 영어와 독일어 문장을 무작정 외우고 또 외웠다.

일을 시작하기 전에 책을 후다닥 읽고 일하면서 그 내용을 외운 후, 다시 다음 대목을 읽고 일하면서 외우는 식이었다. 낮에는 농사일 때문에 영어 단어 등 주로 외우는 과목을 공부했고, 차분히 읽어야 하는 과목은 밤에 공부했다.

저녁밥을 먹은 후 흐릿한 등잔불 밑에서 책을 읽다 보면 피로와 졸음이 파도처럼 밀려왔다. 깜빡 졸다가 등잔불에 머리칼을 태우거나 이마를 데기도 했다. 여름철, 더위를 피해 뒷산 나무 밑 그늘에 누워 책을 읽다가 뱀에 물린 적도 있었다.

무조건 외웠다. 고등학교 1학년 경험밖에 없던 처지라, 어떤 공부법이 효율적이고 좋은지 제대로 알지 못했다. 단어·숙어집을 외우고 독해력과 영작을 위해 영어문장을 통째로 외웠다. 모든 입시 과목을 외우고 또 외웠다.

문제는 수학이었다. 수학은 외운다고 되는 것이 아니었고, 어떤 문제는 정답 풀이를 보아도 어떻게 해서 그런 답이 나오는지 알 수가 없었다. 한 문제를 이해하고 풀기 위해 밤새도록 끙끙대기도 했다.

당시 현실은 공부할 여건도 아니었고, 혼자 공부하는 것도 너무 힘들어 학업을 포기할 생각을 하기도 했다. 농사일을 하면서 홀로 대학입시 공부를 하는 나를 이상한 눈으로 바라보는 주변 시선도 견디기 힘들었다. 친구도 없이 혼자 가는 길은 너무 외로웠다.

서울대 법대에 입학하려면 어떻게 공부하고 어떤 책이 좋은지 알 턱이 없었다. 그렇다고 주변에서 조언을 해줄 만한 사람도 없었다. 나는 간혹 광주로 나가 헌책방을 돌아다니면서 책방 주인들의 조언을 받아 이런저런 책을 구했다. 헌책방 주인들이 진학상담을 해 준 셈이었다.

당시 서울대 법대 입시 과목에 영어 외에 제2외국어가 있었다. 나는 독일어를 선택했는데, 독일어는 전혀 배운 적이 없었기 때문에 독학 자체가 너무 힘들었다. A(아), B(베), C(체), D(데)……처럼 한글로 토씨가 달린 독일어 헌책을 구해 독학으로 익혀나갔다.

참으로 무모하고 미련한 공부방법이었다. 말이 그렇지 무턱대고 외운다는 것이 어디 쉬운 일인가. 그러나 공부방법을 알지 못했기 때문에 무조건 외울 수밖에 없었다. 그런 상황이다보니 검정고시를 마친 후, 해마다 서울대 법대에 응시했지만 두 번이나 떨어졌다.

낙방할 때마다 좌절감에 사로잡혀 공부를 포기한 채 몇 달 동안 책 한 줄 읽지 않고 시간을 허비하기도 했다. 정말 안 되는 것일까.

그러다가 마지막으로 한 번만 더 시도해보기로 작정했다.

어렵사리 서울에서 직장생활을 하고 계시던 큰 형님의 도움을 받아 서울에 올라와 사설 학원에서 8개월 정도 공부를 할 수 있었고, 마침내 세 번째 도전 끝에 서울대학교 법과대학에 합격할 수 있었다.

신념과 열정

스스로에게 이런 질문을 던져본다.

왜 열악한 환경 속에서도 학업을 포기하지 않았는가. 서울대 법대에 들어가야겠다는 꿈을 가진 것은 무슨 이유에서인가. 무조건 외우고, 무조건 푼다는 무지한 방법으로 공부를 했음에도 불구하고 전국에서 내로라하는 학생들과 경쟁해 합격할 수 있었던 것은 또 무엇 때문일까.

이런 질문에 대한 대답은 간단하다.

'신념과 열정'이 그것이다.

어린 나이였음에도 나는 당시 확고한 신념을 갖고 있었던 것 같다. '하늘은 스스로 돕는 자를 돕는다'는 믿음, 기독교신자로서 '겨자씨만 한 믿음만 있어도 불가능이 없다'는 성경 말씀에 대한 믿음,

'피와 땀과 눈물은 반드시 열매를 맺는다'는 믿음, '모든 위대한 것은 목숨을 내거는 극한의 가능성이 발휘될 때에만 성취된다'는 그런 믿음을 지니고 있었던 까닭이었다.

이런 신앙적인 믿음이 열정의 원동력이 되었고, 현실의 칠흑 같은 어둠을 밝히는 희망의 불빛으로 작용했다. 나에게는 현실이 아무리 힘들더라도 열심히 노력해 반드시 성공하고 말겠다는 열정, 그 어떤 장벽도 배움에 대한 갈망을 막을 수 없다는 무모하리만치 강렬한 젊음의 패기가 있었다.

20대 초반의 젊은 날, 일찍이 내 안에 똬리를 틀었던 불굴의 신념과 뜨거운 열정은, 이후 사법시험 공부를 할 때나 법관으로서의 업무수행 그리고 변호사로서 활동을 해오는 지금까지도 퇴색하지 않고 늘 삶의 바탕이 되어주었다.

고뇌, 환희의 씨앗

농부가 봄에 밭을 가는 이유는 씨를 뿌리기 위함이다. 그리고 씨를 뿌리는 것은 여름에 싹을 틔워 가을에 수확하기 위해서다. 제때 밭을 갈지 않거나 씨를 뿌리지 않으면 가을에 아무것도 수확할 수 없을 것이다.

너무도 당연한 이야기지만, 세상 사람들 가운데는 씨조차 뿌리지 않고 혹은 씨만 뿌려놓을 뿐 김을 매주거나 거름을 주는 등 제때 돌보지도 않고서 가을에 수확할 것이 없다고 탓하는 사람들이 의외로 적지 않은 것 같다.

젊은 날, 그토록 힘들고 고단한 생활을 통해 확실하게 깨달은 진리가 있다. 이른바 '고통 없이는 결실도 없다(No Pain No Gain)'는 것이 그것이다. 세상에 그냥 주어지는 것은 없다는 것이다.

그렇다! 의미 있고 소중한 것을 성취하기 위해선 반드시 피와 땀과 눈물을 흘려야 한다는 점이 그것이다. 목표를 향한 뜨거운 열정을 지닌 채 목숨이라도 선뜻 내거는 극한의 가능성을 발휘할 할 때 비로소 그 결실이 내 앞에 나타나는 것이다.

'고뇌를 통해서 환희로(Durch Leiden Zur Freude).'

대학 시절, 나는 이 문장을 독일어로 써서 책상머리에 붙여놓았다. 악성(樂聖) 베토벤의 좌우명이기도 하다. 모든 전공서적 맨 앞장마다 이 문장을 적어놓고 나를 채찍질했다.

베토벤은 음악가에게 가장 소중한 청력을 상실해 귀머거리가 되었고, 약혼녀에게 배신을 당했으며, 가난과 생활고로 극한적인 고통 속에서 살았다. 이런 시련을 견디다 못해 자살을 결심하기도 했다.

그러나 불굴의 의지로 자신에게 주어진 혹독한 운명과 비참한 현실을 극복하고, 운명교향곡, 전원교향곡, 월광곡 등 불후의 걸작들을 남기지 않았는가. 자신의 좌우명처럼 고뇌를 통해서 환희를 이룩한 것이다.

"인간은 편안함 속에서는 발전할 수 없다. 시련과 고통을 통해서만 정신이 단련되고, 어떤 일을 훌륭히 판단하고 해낼 수 있는 능력이 길러지며, 더욱 큰 야망을 품고 그것을 마침내 이루어낼 수 있는 존재가 바로 인간이기 때문이다."

헬렌 켈러(Helen Keller, 1880~1968)의 말이다.

20세기의 기적의 주인공으로 꼽히는 그녀 역시 극한의 장애를 짊어지고 살았다. 헬렌 켈러는 어릴 때 심한 병에 걸려 청각과 시각을 잃었고, 말도 하지 못하는 벙어리였다. 장님, 귀머거리, 벙어리이라는 3중고의 장애자였다. 그러나 그녀는 이 모든 장애를 극복했고 명문 하버드대학을 졸업했으며, 마침내 위대한 학자가 되지 않았던가.

시련의 참뜻

진주조개는 상처의 아픔을 모아 찬란한 진주를 만들어 낸다. 평온한 바다는 결코 유능한 뱃사람을 만들 수 없다…….

참나무누에고치 애벌레는 나무껍질을 뚫고 나오기 위해 무려 세 시간의 사투를 벌인다. 누군가가 애벌레의 고생이 안쓰러운 나머지 쉽게 나올 수 있도록 참나무에 구멍을 뚫어주었다. 그러자 애벌레는 구멍에서 쉽게 나왔다. 그런데 곧바로 죽어버리는 것이 아닌가!
그 애벌레의 힘들고 고통스러운 세 시간의 과정은 바로 바깥세상에서 살아갈 수 있는 힘을 갖추는 필수적인 과정이었다. 그 과정을 온전히 거치지 않았기에 세상에서 살아갈 수 있는 생명력을 상실하여 바깥세상에 나오자마자 죽을 수밖에 없었던 것이다.

어느 물고기 수입업자는 아마존 강에 사는 아름다운 열대어를 산 채로 수송하기 위해 온갖 노력을 기울였다. 하지만 결과는 늘 실패로 돌아갔다. 운송과정에서 물고기들이 죽어버리는 것이었다. 수조에는 물고기들이 살던 바로 그 아마존 강물을 담았고 산소공급과 수온에도 신경을 썼지만 결과는 늘 마찬가지였다.
원인은 엉뚱한 곳에 있었다. 열대어들은 피라니아 등의 포식자로부터 받는 적당한 스트레스 속에서 가장 건강하게 살았다. 그런데 수조 안의 열대어들은 포식자가 없는 상태에서 긴장감을 잃었고, 오랜 시간의 운송과정에서 죽고 만 것이다.

이후 그 수입업자는 열대어 운송 수조 안에 한 마리의 피라니아를 넣었고, 놀랍게도 몇몇 잡혀 먹힌 경우를 제외한 나머지 열대어들은 생생하게 살아 있었다고 한다. 실제로 활어 운송업자들이 활어 운반용 수조에 문어 등을 일부러 넣는 일은 익히 알려진 사실이다.

이스라엘의 유대인은 고난의 민족이다. 2000년간 나라도 없이 이곳저곳 세계를 유랑하며 살았고, 제2차 세계대전 때는 나치 독일의 히틀러가 자행한 이른바 홀로코스트(Holocaust)로 인해 무려 600만 명이 학살당하기도 했다.

이제는 팔레스타인과의 영토분쟁 속에서 '중동의 화약고'로 등장하고 있지만, 어쩌면 이처럼 시련과 고난을 겪었기에 각 분야에서 사뭇 놀라운 능력을 발휘하고 있는지도 모른다. 20세기 들어 노벨상 수상자의 20%, 세계적인 과학자 30%가 바로 유대인 출신이라는 점만 봐도 그렇다.

티베트의 승려들은 세 걸음 걷고 한 번 절하는 '삼보일배'로 186일에 걸쳐 2,100km를 간다. 이러한 고행을 통하여 그들은 깨달음을 얻고 자신의 존재를 고양시키는 것이다.

이처럼 생명체나 인간, 한 민족에게 주어지는 고난이나 시련은 '단순한 고통'에 그치는 것이 아니라 생명력의 근원 혹은 보다 높은 단계를 향한 도약의 발판이라고 하지 않을 수 없다. '아픈 만큼 성숙해진다'는 말도 있지 않은가.

소니·노키아의 교훈

우리나라 대한민국의 경우는 어떠한가.

20세기 초, 일제강점기 36년 동안 나라를 빼앗겼고, 6·25전쟁에서 무려 500여만 명이 희생된 동족상잔의 처절한 아픔을 겪었으며, 근대화 및 민주화 과정에서 4·19혁명과 5·16군사정변, 5·18광주민주화운동 등의 아픔을 겪었다. 더욱이 세계에서 유일한 민족 분단국가로 핵전쟁의 위험 속에서 살고 있는, 힘난한 고난과 역경을 헤쳐오고 있는 민족이다.

그러나 우리는 그 고통과 아픔을 이겨냈고, 바로 그 힘으로 마침내 선진국 반열에 올라서는 한강의 기적을 이루었으며, 전 세계에 한류(韓流)라는 거대한 문화의 파도를 일으키고 있다.

고난과 시련에 내재된 가치는 개인의 삶이나 민족의 운명, 혹은 국가와 번영에만 해당되는 것은 아니다. 기업의 운명을 가르는 결정적인 요인으로 작용하기도 한다.

2012년 4월 19일, 『중앙일보』에 실린 '따뜻한 내수시장 함정에 빠진 소니노키아'란 제목의 기사가 이를 증명해준다.

충성스러운 소비자로 이루어진 내수시장을 갖고 있다는 것은 기업에는 언뜻 축복처럼 보인다. 일본의 국내총생산은 지난해 5조 8,000억 달러로 한국의 다섯 배가 넘는다. 굳이 세계시장에 나가서 피 터지게 싸우지 않아도 먹고살 만하다는 얘기다.

이런저런 이유로 소니를 비롯한 일본의 전자업체는 한때 엄청난 호황을 누렸다. 그러나 안주하는 기업이 발전할 리 없다. 일본에서 '7대 전자업체의 이익을 합쳐도 삼성전자 하나에 못 미친다'는 탄식이 처음 나온 것이 2002년이다.

지난해 소니는 7조 3,000억 원, 파나소닉은 11조 원에 달하는 적자를 냈다. 파나소닉·소니·샤프의 시가총액을 다 합쳐도 삼성전자의 30%에도 못미친다. 내수시장만 믿고 느긋하게 처신하다가 뒤늦게 휘청거리는 것은 일본만의 문제가 아니다. 2~3년 전까지만 해도 전 세계 휴대전화 시장의 50%를 차지하던 '절대강자' 노키아도 마찬가지다. 아이폰이나 갤럭시의 공세에 과감하게 대응하지 못하고 어물거리다 설 곳을 잃었다. 무디스는 최근 노키아의 신용등급을 'Baa3'으로 한 단계 낮췄다. 한 단계만 더 떨어지면 정크본드다.

기쁨은 고통의 산물이다

'젊어 고생은 돈 주고도 못 산다'는 말이 있다. 고난과 시련의 필요성과 고난의 참뜻에 대한 격언이다. 어쩌면 우리는 피와 땀과 눈물을 흘리는 노력과 아픔을 통해 보다 넓고 깊은 세상으로 들어갈 수 있도록 창조된 존재인지도 모른다.

촛불은 주변을 밝히기 위해 스스로 몸을 태운다. 삶에서 뭔가를 성취하려면 반드시 노력과 희생이 필요하다. 원인 없는 결과가 없듯이 사실상 거저 주어지는 것은 없는 듯싶다.

삶에서 진정으로 고귀한 것은 부와 명예, 권력이 아닌 자신의 뜻과 목표한 바를 이루어가는 과정에서 흘리는 피와 땀과 눈물이 아닐까 싶다. 고통과 어려움을 이겨낼 때만 우리의 삶은 더욱 알차고 고차원적으로 변화될 수 있는 것이다.

우리는 흔히 일이나 공부, 혹은 뭔가 중요하고 의미 있는 일을 하는 것을 일단 고통스럽고 힘들다고 생각하는 선입견을 갖고 있는 것 같다. 따라서 피할 수 있다면 피하려고 생각하는 것이다. 반면 게임이나 놀이를 하거나, 빈둥거리며 먹고 마시며 노는 일 등은 즐거움이라고 생각하곤 한다.

과연 그럴까. 예컨대 목욕탕에서 열탕에 들어가보자. 처음에는 견딜 수 없을 만큼 뜨겁고 고통스러워 뛰쳐나가고 싶을 것이다. 그러나 잠시 참고 있으면 어느 순간 그토록 뜨겁던 열기가 견딜 만해지고 나중에는 시원함마저 준다.

뜨거운 국물을 먹을 때도 마찬가지다. 뜨거움 속에서 묘한 시원함을 느낀다. 이처럼 뜨거움과 시원함은 공존하는 것이고, 극과 극은 서로 통한다. 고통과 즐거움은 궁극적으로 일맥상통하는 것이다.

일에 있어서도 마찬가지다. 혼신의 힘을 다해 어떤 일에 몰두할 때 즐거움과 평안을 느낄 수 있다. 결국 공부나 일을 힘들거나 고통스럽게 생각하는 것은 그 상당 부분이 잘못된 선입견 때문이라고 볼 수 있다. 이런 잘못된 인식에서 벗어나 공부나 일도 마치 컴퓨터 게임이나 놀이를 하는 것처럼 즐거운 일이라고 생각할 수 있지 않을까.

한 학생이 수학문제를 풀고 있다. 문제가 어려워 이마를 찌푸리며 끙끙대고 있다. 지금 이 학생이 느끼는 감정은 어떤 것일까. 수학문제 때문에 정말 고통스러운 것일까.

학생은 지금 수학문제에 온 정신을 집중하고 있으므로 그 문제를 풀기 직전이나 앞으로의 일은 전혀 관심 밖이다. 반드시 문제를 풀고야 말겠다는 정신집중으로 인해, 행복과 불행, 즐거움과 고통, 만족과 불만족을 느낄 여지가 없다. 이렇게 학생은 지금 이 순간에 완전히 집중함으로써 그 정신은 다른 일체의 잡념이 없이 순수하고 열정적이다. 즉, 최고의 카타르시스 상태에 있는 것이다.

반면 다른 학생은 해야 할 공부를 미루어둔 채 인터넷 게임에 몰두하고 있다. 지금 학생이 느끼는 감정은 어떤 것일까. 학생은 자신이 좋아하는 게임을 하고 있기에 마냥 즐겁고 행복한 상태일까. 그렇지 않으면 해야 할 숙제나 공부를 하지 않고 게임을 하고 있다는 자책감에 게임에 몰두하지도 못한 채 불안함에 빠져 있지는 않을까.

이렇듯 겉으로는 즐거운 것처럼 보이지만 자아성취에 도움이 되지 않는 행동에는 항상 불만족과 후회가 따르기 마련이다. 만족감보다는 허탈감을, 행복감보다는 불만족을 느끼게 되는 것이다.

하루 중 가장 어두운 때는 해가 뜨기 바로 직전이다. 몹시 힘들고 우울할 때는 이렇게 생각하자. 지금이 바로 해뜨기 직전이라고. 이제 곧 해가 떠올라 모든 것이 환하고 따사로워질 것이라고.

처음에는 그렇게 생각한다고 하여 크게 달라지는 것을 느끼지 못할 수도 있다. 그러나 이러한 마음가짐을 꾸준히 계속하면 서서히 상황이 달라진다. 하루가 가고 열흘이 가고 한 달이 흐르고 6개월이 지나면, 모든 것이 달라져 있음을 느낄 것이다.

똑똑 떨어지는 작은 물방울이 딱딱한 바위에 구멍을 뚫듯이, 작은 노력이라도 꾸준히 계속하면 끝내는 엄청난 변화를 일으키고 마침내 그 사람의 인생까지 확 바꿔버리기도 한다.

한때 100m 단거리 세계기록 보유자였던 미국의 육상선수 칼 루이스는 100m 경주를 벌일 때 80m 정도 지점에서 한 번 웃는다고 한다. 그런데 그 웃음의 의미는 골인 지점이 가까웠다는 안도의 웃음이 아니다. 육체적으로 너무 힘들고 고통스럽기 때문에 씩 웃는 웃음을 통해 그 견디기 힘든 육체적 고통을 완화하는 것이라고 한다.

'괴로움에 짐짓 웃을 양이면 슬픔도 오히려 아름다운 것이다'라는 조지훈 시인의 시구(詩句)처럼 사람은 고통을 견뎌내고 더 나아가 고통 자체를 온전히 받아들이고 사랑할 때 위대한 성취와 놀라운 능력계발이 이루어지는 것이다.

뜨거운 뙤약볕에서 구슬땀을 흘리며 일하다가 맛보는 시원한 물 한 모금은 꿀맛이다. 험한 산길을 헤치고 마침내 사방이 탁 트인 정상에 이르렀을 때 맛보는 장쾌한 성취감과 불어오는 한 줄기 바람은 얼마나 상쾌한가.

그렇다. 힘든 일을 마친 후나 열심히 공부를 한 후에 느끼는 희열감, 성취감이야말로 진정한 삶의 기쁨인 것이다.

새로운 출발

생명체의 본질은 끊임없이 변화하고 발전하는 데 있다. 인체의 세포 수는 약 60조 개에 달한다고 한다. 이 많은 세포가 하루에도 수십만 개가 죽고 다시 생성되며, 6개월이면 완전히 새로운 세포로 교체된다고 한다.

인간은 지구상의 수많은 생물 중에서 변화와 성장이 가장 더딘 종(種)임에도 불구하고 이렇게 6개월 단위로 사실상 몸의 모든 세포가 새로운 세포로 바뀌는 것이다. 생명체가 변화하고 성장하지 않는다는 것은 바로 죽음을 의미하는 것이다.

몸의 끊임없는 변화처럼, 우리의 정신 역시 쉼 없이 변화하고 발전해야 한다. 순간과 순간, 하루 또 하루를 늘 새롭게 꾸려 나가야 한다. 한자리에 머물러 있다는 것은 현상 유지가 아닌 상대적인 퇴보를 의미한다.

영혼과 마음과 육신의 힘을 다해 보다 나은 존재로 거듭나기 위해 끊임없이 변화하고 발전해야 하는 것이 생명체의 엄숙한 숙명이기도 하다.

이때 중요한 것은 변화에 앞서 반드시 과거를 '청산(清算)'해야 한다는 점이다. 과거 없는 현재는 없지만 동시에 과거를 개선·청산

하지 않고는 앞으로 나갈 수 없다.

이때 변화와 발전의 선결과제인 '과거의 청산'은 다름 아닌 자신의 지난날에 대한 철저한 반성이다. 변화와 발전이라는 것은 과거보다 더 나은 목표를 향해 나아가는 것이기 때문에 과거에 대한 철저한 성찰과 반성이 필수적이다.

반성은 현재의 모습이 스스로 만들어낸 결과물이고, 과거의 모든 잘못에 대한 책임은 오직 자기 자신에게 있음을 인정하는 것이다. 한 걸음 더 나아가 다른 사람의 질병이나 불행 등 세상의 모든 죄와 어둠에 대해서까지도 자신에게 책임이 있음을 인정하는 것이다.

진정으로 새롭게 태어나기를 원한다면, 이렇듯 자신의 잘못을 광범위하게 인정하고 이에 대한 철저한 반성이 있어야 한다. 이때 자신의 지난날에 대한 책임이 자신이 아닌 주변 환경이나 다른 사람에게 있다고 여긴다면 그 사람은 새로운 변화를 추구할 능력을 갖출 수 없다.

왜냐하면 자기 자신의 잘못을 깊이 회개할 때, 남을 탓하는 부정적 마음이 완전히 소멸되었을 때, 비로소 마음은 순수해지고 새로움을 향한 뜨거운 열망과 에너지가 솟구치기 때문이다.

적당히 관념 속에서만 반성하는 것에 그쳐서도 안 된다. 반성이 깊으면 깊을수록, 철저하면 철저할수록 그 반성을 딛고 새 출발하려는 힘이 강해진다.

다소 종교적인 색채가 느껴지는 표현이긴 하지만, 진실되고 철저한 반성을 바탕으로 새로운 마음가짐과 각오로 새로운 출발이 이뤄질 때 비로소 진정한 생명의 부활이 이루어지는 까닭이다.

실제로 모든 종교적 가르침에서 자신이 원하는 것을 구하기에 앞서 과거와 철저히 단절하고 잘못을 회개할 것을 요구하고 있는 것도 바로 이런 이유에서 비롯된다.

『구약성경』 창세기 19장에 나오는 내용이다.

……하나님은 소돔과 고모라가 너무도 죄악이 극심한 것을 보고 멸망시키시기로 결심하셨다. 다만 그곳에 사는 롯의 가족만 구원하시기로 하고 죄악의 도시 소돔과 고모라 성을 떠나 멀리 산 위로 피하라고 말씀하시면서 만약 뒤를 돌아보면 소금기둥이 되리라고 하셨다. 그런데 롯의 아내는 소돔성에 두고 온 재산과 그곳의 안락한 생활을 그리워한 나머지 뒤를 돌아보았다. 그 순간 롯의 아내는 소금기둥이 되고 만다. ……

여기서 '뒤를 돌아본다'는 대목에 유의해야 한다.

과거에 연연하는 자는 구원받을 수 없고, 앞으로 나아갈 수 없음을 극명하게 보여 주는 예화다. 잘못된 과거에 연연하는 자는 '영원히 변치 않는' 소금기둥이 되고 만다.

참된 변화와 개혁은 과거에 대한 미련을 버리고 완전히 새로운 마음으로 새롭게 출발해야 하는 것이다. 새로운 자신, 새로운 세상, 새로운 출발을 원하는 자는 먼저 자신의 과거, 구습, 낡은 생각부터 철저히 깨뜨려야 한다.

'……한 알의 밀이 땅에 떨어져 죽지 아니하면 한 알 그대로 있고, 죽으면 많은 열매를 맺느니라.'

(『신약성경』, 요한복음 12장 24절)

밀알이 기름진 옥토에 묻혀 껍데기가 썩어 없어져야만 밀알 속에 간직되어 있던 생명력이 꿈틀대기 시작하고, 흙 속의 수분과 양분 등 위대한 자연의 도움을 받아 싹을 틔운다. 그리고 찬란한 햇빛과 때 맞춰 내리는 비를 맞고 자란 밀알은 30배, 60배, 100배의 열매를 맺는다.

작고 딱딱한 껍질에 갇혀 있던 미미하고 보잘것없는 존재에서 전혀 다른 모습의 새롭고도 위대하며 수십에서 수백 배에 달하는 풍성한 존재로 거듭나는 것이다.

새는 알을 깨고 나와야만 새로운 생명체로 날갯짓을 할 수 있게 된다. 알을 깨고 나오지 못하면 새가 되지 못한다. 어둡고 좁은 껍질 속에 갇혀 있던 보잘것없는 생명체는, 때를 기다리다 어느 순간 껍질(과거)을 깨고 나와야만 비로소 높고 넓은 하늘을 마음대로 날아다닐 수 있는 새가 되는 것이다.

독수리의 결단

'하늘의 왕자' 독수리는 수명이 긴 편이다. 무려 70년을 사는 독수리도 있다. 그러나 모든 독수리가 70년을 사는 것은 아니다. 처절한 고통의 과정을 거쳐서 거듭난 독수리만이 장수할 수 있는 것이다.

독수리가 태어나 40년 정도 살다보면 부리와 발톱이 마모되어 사냥 기능을 상실하게 된다. 노화된 깃털과 가슴에 달라붙은 근육 때문에 비행능력 또한 현저히 떨어진다. 더 이상 예전처럼 먹이사냥을 하기 어려운 상태에 놓이게 되는 것이다.

이 시기가 닥치면 독수리는 선택을 해야 한다. 그대로 굶어 죽을 것인지, 아니면 150일간에 걸친 처절한 고통의 과정을 거쳐 새롭게 태어날 것인지를 결정해야 하는 것이다. 문제는 그 '변신(變身)'이 문자 그대로 사생결단이라는 점이다.

물론 그 결단은 그 누구도 대신해줄 수 없는 독수리 자신만의 것이다. 그리고 그 결단에 따른 엄청난 고통의 시간도 오로지 독수리의 몫이다.

마침내 새롭게 태어나기를 선택한 독수리는 일단 높은 산꼭대기에 고난의 150일 동안 지낼 둥지를 튼다. 변신 기간 중에는 스스로를 보호할 힘이 없으므로, 외부로부터의 공격을 받아 위험에 빠지는 것을 피하기 위해서다.

둥지를 마련한 독수리는 먼저 마모된 부리가 완전히 빠질 때까지 부리로 바위를 수없이 쪼아댄다. 부리에서는 선혈이 낭자하고 극심한 고통 끝에 어느 순간 부리가 빠져나간다. 독수리는 부리가 빠지면 새로운 부리가 나서 자랄 때까지 꼼짝 않고 기다린다.

시간이 지나 새로운 부리가 생겨나면, 이제는 그 새 부리로 노화되어 쓸모없어진 두 발톱을 쪼아 뽑아버린다. 그리고 새 발톱이 나서 자라기 시작하면, 다시 늙고 퇴화된 날개와 온몸의 털을 다 뽑아버린다. 오로지 새로운 생명을 얻기 위해, 부리와 발톱과 날개의 털을 뽑아버릴 때의 독수리 고통을 한 번 상상해보라!

독수리는 오직 새로운 생명으로 거듭나겠다는 그 열망 하나로, 장장 5개월에 걸친 죽음과도 같은 고통을 이겨낸다. 그리고 마침내 무서운 맹조로 다시 태어나는 것이다.

독수리의 부활은 오직 스스로의 힘으로 견딜 수 없는 처절한 고통과 인내 끝에 이루어진 것이기에 더욱 값진 것이라 할 수 있을 것이다. 그런 처절한 고통을 이겨낸 독수리는 예전보다 훨씬 강하고 무서운 존재가 된다. 다시 30여 년 동안 맹조로 하늘을 누비며 살아간다.

킬리만자로의 표범

나는 가왕(歌王) 조용필의 폭발적인 가창력과 지칠 줄 모르는 음악에 대한 열정을 좋아한다. 그의 노래 가운데 '킬리만자로의 표범'을 특히 좋아하는데, 노래 가사의 몇몇 대목 때문이다.

바람처럼 왔다가 이슬처럼 갈 순 없잖아

내가 산 흔적일랑 남겨둬야지

한 줄기 연기처럼 가뭇없이 사라져도

빛나는 불꽃으로 타올라야지

묻지 마라 왜냐고 왜 그렇게 높은 곳까지

오르려 애쓰는지 묻지를 마라

고독한 남자의 불타는 영혼을

아는 이 없으면 또 어떠리

'킬리만자로의 표범'의 노랫말에는 삶의 의미가 듬뿍 담겨 있다. 삶에서 최고의 길을 추구하는 사람이 걸어가야 할 길이 얼마나 고독하고 치열한지를 보여준다.

이 세상에 왔다가 가는 존재로서 인간은, 무엇인가 의미 있고 귀중한 것을 남겨야 할 의무가 있음을 노래한다. 그리고 그 길이 아무리 힘들고 어렵고 고독하다 할지라도 목적을 향해 끝까지 나아가야 함을 처절하리만치 장엄하게 서술하고 있다.

위대한 인물의 일대기를 읽었을 때 혹은 장엄한 대자연의 풍경을 접했을 때 우리의 가슴은 한없이 벅차오른다. 장엄한 교향곡이나 위대한 예술작품을 만났을 때 우리의 가슴은 감동에 젖는다.

왜 위대함, 장엄함, 치열함 앞에서 우리의 열정은 불타오르는 것일까. 그것은 우리 스스로가 위대하고, 장엄하고, 치열하게 살기를 열망하고 있으며, 또 그러한 존재가 되기를 원하기 때문이 아닐까.

그렇기에 우리는 저 높은 곳을 향하여, 저 위대함과 장엄함과 치열함을 향하여 끊임없이 변화하고 결단해야 한다. 인생이 비록 한 줄기 연기처럼, 풀잎 위의 아침이슬처럼 흔적 없이 사라지는 허무한 것일지라도 이 세상에 와서 바람처럼 왔다가 이슬처럼 갈 수는 없는 것 아닌가.

내가 산 흔적일랑 남겨둬야 하기 때문에 깊은 밤에 한 가닥 불빛이 되고, 메마르고 타버린 땅에 한 줄기 맑은 물소리가 되며, 거센 폭풍우가 휘몰아쳐도 꺾이지 않는 한 그루 소나무처럼 살아야 되지 않을까.

독수리도 150일간의 사투를 통해 30년의 새 삶을 사는데, 하물며 만물의 영장인 우리가 보다 나은 삶을 위해 결단과 변화를 추구해야 하는 것은 너무도 당연한 일이 아닐까.

제2장

집중하는
공부의 길

"공부는 머리 좋은 녀석이 하는 게 아니라
엉덩이가 무거운 녀석이 한다"는 말이 있다.
끈질기게 노력하는 사람이
승리자가 된다는 말이다.
그러나 노력도 노력 나름이다.
100% 집중하여 공부할 수 있는
능력을 기르는 것이 참된 공부의 길이다.

– 본문 중에서

2

집중하는 공부의 길

능력의 바탕

철학자 파스칼은 '인간은 소우주(小宇宙)'라고 정의했다. 그만큼 인간이라는 존재는 그 깊이와 넓이가 실로 무한하고 오묘하다. 아니 인간은 우주보다도 더 큰 존재일지도 모른다.

사고하고 고뇌하고 번민하고 욕망하는, 인간의 두뇌를 들여다보자. 지름이 불과 0.2㎜도 채 안 되는 인간의 두뇌세포 DNA에는 600쪽 분량의 책 100권에 달하는 엄청난 양의 정보를 담을 수 있다고 한다.

아무리 뛰어난 기능을 갖춘 컴퓨터나 로봇을 만든다 하더라도 인간과 같은 능력을 가진 기계는 만들 수 없다고 한다. 그런데 왜 인간은 스스로에게 내재된 이 같은 대단한 능력을 제대로 발휘하지 못하는 것일까.

인간은 태어날 때는 그 능력의 본바탕이 '하얀 종이'[1]처럼 별다른 차이가 없다고 한다. 그런데 그 백지에 무엇을 어떻게 그리고 어떻게 채색하느냐에 따라서 천차만별의 작품, 즉 다양한 삶을 살게 되는 것이다.

우리가 태어난 이후 하얀 본바탕에 무엇을 어떻게 채워 넣고 갈고닦는가에 따라서, 그 능력의 바탕이 60배, 100배의 열매를 맺는 옥토가 되기도 하고, 열매는커녕 싹도 틔우지 못하는 시멘트 바닥이 되거나 싹이 트자마자 시들어버리는 자갈밭이 될 수도 있다.

여기서 본바탕의 차이는 어떻게 형성되는가. 그것은 우리가 평소 아주 작은 일부터 어떤 자세로 대하고 어떤 습관을 갖고 있느냐에 달려 있다.

즉, 공부나 일, 혹은 어떤 일을 하든 간에 그것을 잘해낼 수 있는 기본원리는 동일하다. 하고자 하는 일에 대해 애정과 관심, 거기에 뜨거운 열정과 즐거운 마음으로 100% 집중하는 것이 그것이다.

예컨대 공부를 잘하는 학생이 운동이나 취미생활 등 무슨 일이든 잘 하고, 심지어는 놀기도 잘하는 경우를 볼 수 있다. 공부에 대한 '집중력과 열정'이 모든 행동의 바탕에 깔려 있기 때문이다. 결

---

1) 백지상태(白紙狀態, tabula rasa): 경험주의에서 생득적(生得的)이라는 개념을 반대하면서, 인간은 태어날 때 하얀 종이와 같은 상태로, 모든 것은 태어난 이후 학습되어야 함을 의미한다.

국 누군가가 집중력과 열정을 갖추고 있느냐 하는 문제가 공부나 일, 더 나아가 그 사람의 인생의 성패까지 결정짓는 아주 중요한 요소라 할 수 있겠다.

문제는 누구나 마음먹는다고 공부나 일에 대한 열정이나 집중력을 쉽게 갖출 수 있는 것은 아니라는 점이다. 열정이나 집중력 등은 대부분 그 사람의 오랜 습관이나 자세에서 비롯되기 때문이다.

이 책에서 소개하는 공부법, 집중력 훈련, 자기 최면, 호흡법 등 여러 정신수련법을 익히고 습관화하면 언제 어디서나, 무슨 일을 하든 간에 최고의 집중력으로 최상의 능력을 발휘할 수 있게 될 것이다.

1%의 능력 차이

능력(能力)이란 '어떤 일을 감당해낼 수 있는 힘'을 뜻한다. 관련 연구에 따르면 인간은 평생토록 자신이 갖고 있는 능력의 5%도 채 사용하지 못한 채 살아간다고 한다.

즉, 능력 있는 사람과 능력 없는 사람의 차이는 자신이 갖고 있는 능력 100% 가운데 하나 정도를 더 사용하느냐 사용하지 못하느냐에 따라 결정된다는 것이다.

따라서 자신이 지니고 있는 능력 가운데 1% 정도만 더 계발한다면 그 사람은 어쩌면 슈퍼맨이 될 수도 있을 것이다. 그렇다면 그 1%의 능력을 어떻게 찾아내고 계발할 것인가.

종교적, 특히 기독교적 시각에 따르면 우리 자신은 바로 신과 같은 존재이고, 우리 몸은 신의 성전(聖殿)이다. 표현방법은 다르지만 불교에서도 '모든 중생에게 불성(佛性)이 있다'는 가르침과 '깨달음을 증득하면 곧 부처'라고 설파하고 있다. 인간이라는 존재가 곧 신이나 부처와 다름이 없다라는 것이다.

그렇다면 인간의 삶과 존재의 의미는 무엇일까. 나는 그 의미를 자신을 완벽하게 계발하고 발전시키는 것에서 찾고 싶다. 우리 자신을 영적인 충만함과 지적인 능력, 마음의 평안과 신체적 건강을 최상의 상태로 계발하고 유지하고자 하는 노력, 즉 자기완성을 위해 노력하는 것이 삶의 진정한 의미라는 것이다.

영적으로 깨끗하고 순수하고, 정신적으로 풍부한 지혜와 지식으로 빛나고, 신체적으로 건강을 잘 유지하기 위해 끊임없이 노력하는 것이 삶의 의미가 아닐까.

우리가 한 번 배우고 경험하고 생각하고 느낀 것은, 두뇌의 무의식(無意識) 세계에 100% 그대로 저장된다고 한다. 다만 우리가 그

것을 인식의 세계로 꺼내 오지 못하기 때문에 저장된 것을 제대로 활용하지 못할 뿐이다.

예를 들면 어느 사람이 길을 건너다가 차에 치였는데 그 찰나의 순간에 가해 차량의 번호판이 눈에 들어왔다. 이때 무의식에는 순간적으로 스쳐간 차량 번호가 정확히 저장되지만, 이른바 항암시장벽(抗暗示障壁)[2] 때문에 이를 기억해내지 못한다는 것이다.

이 경우 최면술을 동원하면 항암시징벽을 잠재워 무의식에 저장된 차량번호를 기억해낼 수 있다고 한다. 실제로 최면수사라는 방식으로 이런 원리를 범죄수사에 이용하기도 한다.

자기계발서와 정신수련

서울대 법대 재학중 군에 입대하여 3년간의 군복무를 마치고 복학하다보니 나보다 네다섯 살 어린 학생들과 함께 공부를 하게 되었다.

독학과 검정고시를 거쳐 대학에 진학한 내가 전국에서 머리 좋

---

2) 현재의식과 잠재의식 사이에 있는 장벽으로, 현재의식이 잠재의식 층에 저장되어 있는 정보를 기억해 내지 못하게 하는 기능을 한다. 제3장 최고 능력자의 길 중 '뇌파의 특징과 기능'에서 보다 자세히 서술한다.

은 우수한 학생들만 모인 서울대 법대에서 경쟁한다는 것은 결코 쉬운 일이 아니었다.

어느 순간, 그들과의 경쟁에서 뒤떨어지지 않으려면 학습방법이나 삶의 방식이 그들과 크게 달라야 한다는 생각이 들었다. 열심히 공부하는 것은 기본이고, 같은 시간을 투자해 최대의 효과를 얻을 수 있는 남다른 방법을 찾아내야 했다.

일단 자기계발에 관한 책들을 읽기 시작했다. 당시 가장 가슴에 와 닿은 책은 석지현 스님의 『선(禪)으로 가는 길』, 클라우드 브리스톨의 『신념의 마력(The Magic of Believing)』 등이었다.

『선으로 가는 길』은 호흡법과 명상, 참선(參禪), 공안(公案) 등 마음 수련과 선(禪)의 본질에 대해 설명한 책이다. 인류의 문명이 시작된 5,000년 전부터 호흡법[3]은 인간의 능력계발에 있어 가장 유용하고 중요한 방법으로 알려져 왔다. 나는 이 책을 통해 인간의 영성과 정신능력계발에서의 단전호흡의 중요성과 올바른 단전호흡법 및 사마타(Samatha) 명상법을 배우고 수련하였다.

『신념의 마력』은 "누구나 강한 신념을 갖고 간절히 열망하는 것을 시각화해서 실천하면, 자신이 원하는 삶을 스스로 창조할 수 있다"는 내용의 책이다. 간절한 소원은 시간이 갈수록 그 정도가 강

---

3) 호흡법에 대해서는 제4장 '집중력을 기르는 호흡의 길'에서 구체적으로 다루고자 한다.

해지고, 어느 순간 강력한 힘이 되어 환경과 현실에 영향을 미치게 되고 결국은 소원이 실현된다는 논리다. 나는 이 책을 통해 적극적인 사고방식과 이미지 트레이닝 등 정신수련법을 배우고 수련했다.

그 이외에 '명상비법', '자기로부터의 혁명', '뇌내혁명', '기적의 두뇌혁명', '몰입의 즐거움', '최면술' 등 정신수련에 관련된 많은 책들[4]을 연구하고 실제 수련하였다.

이러한 정신계발의 탐구와 수련을 통해 '공부방법'과 '능력향상법'을 몸소 체험하고 깨닫게 되었고, 보다 강한 정신능력과 집중력을 발휘할 수 있었으며, 마음의 평안과 신체적 건강도 유지할 수 있게 되었다.

영혼·정신·육체

우리가 살고 있는 우주에는 하늘, 땅, 인간의 3재(才)가 있다. 종교적 시각에서 보면 기독교에는 성부, 성자, 성령의 삼위일체가 있으며, 불교에는 불법승(佛法僧) 삼보(三寶)를 꼽을 수 있겠다.

우리가 사는 세상이 복되고 평화스러우려면 하늘, 땅, 인간의 세

---

4) 주요 책들은 이 책 말미의 '참고문헌' 참조.

가지 요소가 조화를 이루며 상부상조해야 한다. 만약 하늘에서 기상이변이 일어나거나 태양이나 별들이 그 궤도를 벗어난다면 지구에 엄청난 재앙이 밀려들 것이다.

우주의 원리와 마찬가지로 인간의 경우도 그러하다. 삼위일체의 원리가 우주의 본체이듯이 인간에게도 영혼, 마음, 신체 등 세 가지 요소가 있다. 그리고 영혼과 마음 및 신체가 조화롭게 성장하지 않으면 온전한 인격체가 될 수 없다. 최고의 능력자가 되려면 영혼, 마음, 신체가 함께 조화롭게 계발되고 형성되어야 한다.

그런데, 우리는 실생활에서 이런 사실을 가볍게 생각하거나 쉽게 망각하곤 한다. 특히 세 가지 요소의 조화가 매우 중요한데, 어느 한 가지 요소에 치중하는 경우가 다반사다.

예컨대 신앙생활을 하고, 명상이나 단전호흡을 하는 것은 영혼을 계발하는 것이다. 공부를 하는 것이나 일상 업무를 수행하는 것은 마음의 영역인 지식적인 사고력을 기르는 것이며, 건강을 위해 운동이나 건강관리를 하는 것은 신체를 위하는 것이다.

이때 마음이나 신체적인 분야에 대해서는 대체적으로 많은 사람들이 관심을 갖는 편이다. 많은 사람들이 지적 능력을 키우고 적당한 운동을 통해 건강과 장수를 유지하고자 노력한다.

문제는 대부분의 사람들이, 삼위일체의 첫 요소이자 가장 중요한 영혼의 성숙을 위한 노력을 간과하고 있다는 점이다. 즉, 영적인 문제에 관해서는 전혀 관심을 갖지 않는 경우가 너무 많다는 것이다. 종교를 가지라는 이야기가 아니다. 삼위일체에서의 영혼은 종교에서의 신앙과는 조금 다른 이야기다.

영혼과 마음(정신) 그리고 신체를 조화롭게 계발하지 않으면 '뛰어난 능력자'가 될 수 없고, 완전한 인격체로서 성장하기가 어렵다. 최고의 능력을 갖춘 인격체로 성장하려면 영혼과 마음, 그리고 신체 등 세 가지 요소가 조화롭게 계발되어야 가능하기 때문이다.

건강한 몸, 건전한 정신

얕은 물에서 노는 사람은 깊은 물속을 알 수 없고, 뒷동산만 오르내리는 사람은 한라산 정상에 올랐을 때의 성취감을 상상조차 하기 어렵다. 이러한 느낌은 그냥 주어지는 것이 아니다. 땀 흘리는 노력을 통해서 새로운 경험에 이르렀을 때만 맛볼 수 있기 때문이다.

신체적인 분야에서도 이럴진대, 하물며 그보다 훨씬 복잡하고 고차원적인 영혼과 마음 등 정신적인 분야에서는 노력의 유무(有無)에 따른 격차가 더 크고 깊을 수밖에 없다.

영혼과 마음을 계발하는 일은 어렵고 힘든 일로 생각하기가 쉽다. 그러나 실제로는 그렇지 않다. '지금·여기에 100% 집중하는 습관'을 기르고 단전호흡 등 정신활동을 수련하면 된다.

'건강한 육체에 건전한 정신이 깃든다'는 말이 있다.

운동은 체력을 증진시키면서 자신감을 갖게 하여 적극적이고 긍정적인 사고능력을 높이고, 정신집중력을 높이며, 스트레스에 대한 대처능력을 높인다.

신체가 건강해야 두뇌활동이 활발해지고, 집중력이 좋아지며, 학습이나 업무수행에 효율성이 높아질 것은 두말할 필요가 없을 것이다.

미국의 한 학교에서의 연구 결과, 하루 한 시간씩 학생들로 하여금 체육 수업을 받게 하자 공부만 할 때보다 성적이 훨씬 좋아진다는 사실이 밝혀졌다. 미국 최고의 명문대학인 하버드 대학생들이 공부벌레이면서 동시에 운동벌레라는 이야기는 널리 알려진 사실이다.

운동은 젊어서부터 시작해야 더욱 효과적이다. 청소년 시절부터 운동을 해 온 사람은 나이 들어서도 학습이나 업무처리 능력이 탁월하다. 그런데 요즘 학생들이나 젊은이들은 너무 운동을 안 해서 걱정스러울 정도다.

나는 어렸을 때부터 운동을 좋아했다. 초등학교와 중학교 시절에는 축구와 배구를 즐겼고, 대학생 때는 검도를 익혔다. 이후 사법연수원 시절에는 태권도를 수련했으며, 판사 시절에는 테니스, 골프, 볼링 등을 배웠다. 운동이라면 무엇이든지 좋아했고 지금까지도 꾸준히 운동을 해오고 있다.

요즘에도 매일 규칙적으로 스포츠센터에 나가 요가를 하고 집에서는 단전호흡을 한다. 스트레스가 심한 변호사 업무를 감당하고, 신체를 혹사하는 편인데도 감기 한 번 걸리지 않으면서 건강을 유지해오고 있다. 이런 건강의 비결은 다름 아닌 운동과 함께 단전호흡을 꾸준히 실천해왔기 때문이라고 생각한다.

'마음밭'을 가꾸자

인간은 자연의 일부다. 우리는 흙에서 와서 흙으로 돌아간다. 자연은 우리의 본향이다. 우리가 사는 세상은 98%가 자연이고, 인간이 창조한 문명은 2%에 불과하다.

어린 시절의 추억이 아련하다. 내가 유년기를 보냈던 곳은 집 앞에는 넓은 들이 펼쳐져 있고, 들판 너머로는 조리강이라는 작은 시내가 흐르고 넓은 들판 한가운데로는 영산강이 도도하게 흐르는 아름다운 농촌이었다.

나는 초등학교를 졸업할 때까지 그야말로 자연 속에 푹 파묻혀 살았다. 틈만 나면 밖으로 나가서 산과 들에서 각종 과실과 야채를 채취해서 먹고, 토끼와 새와 물고기를 잡곤 했다.

자연은 나에게 어머니의 품이었고, 생명의 원천이었으며, 삶의 터전이고, 현장이었다. 모든 것을 꿈꾸게 하고 많은 것을 가르쳐준 스승이었다. 이렇듯 우리의 생존의 바탕에는 자연이 있다.

마시는 공기, 물, 먹는 음식물 등 어느 것 하나 자연에서 나지 않는 것이 없다. 산과 들, 강에는 우리의 신체적 건강에 필요한 모든 것이 있다. 맑은 공기, 따뜻한 햇볕과 푸르른 생명이 있다.

하지만 오늘을 사는 우리는 어떤가. 언제부턴가 자연과 너무 떨어져 살아가고 있다. 자연과의 조화로운 공존을 파괴하고, 이로 인해 우리의 영혼과 정신과 신체는 피폐해지고 병들어가고 있다.

기회가 있을 때마다 자연을 찾고, 그 속에서 뒹굴어야 한다. 도회지의 아스팔트에서는 생명체가 거의 살 수 없지만, 시골 논밭의 흙 속에는 여전히 생명체로 가득 차 있다.

이렇듯 자연의 일부를 넘어 자연 그 자체인 인간이 자연과 가까이 할 때만 심신이 건강할 수 있다는 것은 너무도 당연한 일이다. 영혼과 마음 그리고 건강한 삶을 위해 자연과의 관계를 시급히 복원시켜야 한다.

공부의 길이나 능력계발의 길이나 참된 삶의 길은, 우리 삶에서 그 어떤 무엇과도 비교할 수 없는 가장 중요하고도 절대적인 문제일 것이다. 그럼에도 불구하고 우리가 이러한 능력의 길, 생명의 길에 관하여 무관심하거나 소홀한 이유는 무엇일까.

공부나 일을 잘할 수 있는 능력계발의 문제는 실제와는 거리가 먼 문제라고 생각하기 때문일까. 생명이나 능력의 길은 많은 시간과 노력을 기울여야 하는, 힘들고 고통스러운 일이라고 생각하기 때문일까.

우리의 현실적인 삶 자체가 너무 힘들고 복잡하여 그러한 문제를 생각할 겨를이 없기 때문일까. 현실적으로 어떤 의미 있는 일을 하는 것 자체가 즐거움이면서 동시에 행복감을 충족시킨다는 것은 불가능하기 때문일까.

우리는 바탕을 옥토와 큰 그릇으로 만드는 일에는 거의 신경을 쓰지 않고, 그저 씨만 뿌려댄다. 학교에서도, 가정에서도, 직장에서도, 사회에서도 공부·공부·공부, 일·일·일, 업무·업무·업무에만 매달려, 바탕을 기름진 옥토와 큰 그릇으로 만들 생각은 않고 그저 씨만 뿌려대는 것이다.

이러한 생활습관 때문에 우리의 바탕은 돌밭이 되어버렸고, 작은 그릇이 되어 버렸으며, 우리가 하는 공부나 일은 돌밭에 떨어진 씨앗처럼 제대로 결실을 맺지 못하게 되는 것이다.

왜 우리는 보다 나은 나, 보다 나은 삶을 결단하고 이를 이루기 위해 최선을 다하지 않는 것일까. 때로는 결단하고 노력도 해보지만, 중도에 그만두거나 그 결실이 보잘것없는 것이 되고 마는 것일까.

삶의 방식이나 능력계발의 길은 자신을 기름진 옥토와 큰 그릇으로 만드는 일이다. 자신을 도랑이나 개울이 아니라 태평양처럼 넓고 깊고, 푸르른 존재로 만드는 일이다. 보잘것없는 불쏘시개 나무가 아니라 높은 산 정상에 곧고 거대하게 우뚝 서 있는 수백 년 묵은 소나무와 같은 존재가 되는 일이다.

기름진 옥토

씨를 뿌리는 자가 뿌리러 나가서 뿌릴 새 더러는 길가에 떨어지매 새들이 와서 먹어 버렸고 더러는 흙이 얇은 돌밭에 떨어지매 흙이 깊지 아니하므로 곧 싹이 나오나 해가 돋은 후에 타서 뿌리가 없으므로 말랐고 더러는 가시떨기 위에 떨어지매 가시가 자라서 기운을 막았고 더러는 좋은 땅에 떨어지매 혹 백 배, 혹 육십 배, 혹 삼십 배의 결실을 하였느니라.

(『신약성경』, 마태복음 13장 3-8절)

농부가 씨를 뿌렸다. 이때 정성을 들이지 않아 돌밭에 떨어진 씨는 싹이 나오자마자 햇빛에 말라버렸다. 덤불 밑에 떨어진 씨는 햇볕을 받지 못해 제대로 자라지 못하고 시들어버렸다. 오직 기름진 옥토에 떨어진 씨만이 풍성한 수확을 이루었다는 상식적인 이야기다.

그렇다. 길이나 돌밭이나 가시덤불에 아무리 많은 씨를 뿌려본들 거기에서 싹이 날 수 없고, 설사 어렵사리 싹이 났다 한들 제대로 자랄 수가 없다.

오로지 기름진 옥토에 씨를 뿌려야만 삼십 배, 육십 배, 그리고 백 배의 결실을 얻을 수 있는 것이다. 아스팔트길이나 돌밭이나 가시덤불에는 생명의 성장에 필요한 수분, 양분, 햇빛이 없고, 옥토에만 그것이 있기 때문이다.

사람의 경우도 마찬가지다. 공부를 하거나 일을 하거나 운동을 하거나, 무슨 일을 하든 그 일을 하는 사람 자신이 옥토여야만 한다. 그래야만 한 알의 씨앗만 뿌려도 삼십 배, 육십 배, 백 배의 결실을 맺을 수 있는 것이다.

그렇지 않으면 한 알의 씨앗이 아니라 한 가마니의 씨앗을 퍼부어도 제대로 된 결실을 얻을 수 없는 것이다. 똑같은 시간과 노력을 기울이더라도 그 바탕이 돌밭이냐 가시덤불이냐 기름진 옥토냐에 따라 그 결과는 하늘과 땅 차이가 난다.

바탕이 옥토라면 씨만 뿌리면 백 배의 결실을 맺을 수 있게 된다.

학생의 바탕이 옥토라면 공부도 잘하고 운동도 잘하고 무엇을 하든 간에 잘할 수 있게 된다.

한 사람의 삶의 바탕이 옥토라면 적은 노력과 시간으로 많은 결실을 거두고, 결과적으로 인생이 풍요롭고 행복하게 펼쳐질 것이다.

그 바탕을 큰 그릇으로 만들면 그 속에 인생에서 필요한 모든 것을 넣을 수 있고, 나아가 이 거대한 우주까지도 포용할 수 있을 것이다. 작은 그릇에는 적은 양만을 넣을 수 있고, 큰 그릇(大器)이어야 많은 양을 넣을 수 있다.

우리의 영혼과 마음과 신체를 기름진 옥토와 큰 그릇으로 만들어야 한다. 이렇게 옥토가 되고 큰 그릇이 되는 것은, 영혼과 마음과 신체가 전인적(全人的)[5]으로 계발되어야 한다.

그중에서 가장 중요한 것은 결국 정신, 즉 마음의 계발이다. 능력이나 행복, 습관, 질병 등 모든 것이 마음과 관련이 없는 것은 단 하나도 없기 때문이다.

그럼에도 불구하고 우리는 마음의 구조나 역할 등에 대해 제대로 알지 못하고 있는 경우가 너무 많다. 이런 문제에 대해 너무 소홀하게 생각하는 것이다. 마음의 구조나 역할에 대하여 제대로 알

---

[5] 영혼과 마음과 신체, 세 가지를 합하여 '전인적(全人的)'이라고 표현하고자 한다.

아야 능력 있는 사람이 되고 행복한 삶을 살 수 있게 되는 것인데도 말이다.

그렇기에 나는, 이 책을 통해 우리 모두가 '기름진 옥토'와 '큰 그릇'의 중요성을 깨닫고 이를 위해 부단히 노력했으면 하는 간절한 바람을 갖고 있다.

신앙생활을 통한 영혼의 깨달음

나는 고등학교를 중퇴하고 농사일을 하면서 독학을 할 때 본격적으로 교회를 다니기 시작했다. 아주 조그만 교회였다. 교회건물은 토담집이었고, 전기시설이 없어 밤에는 호롱불을 켜고 예배를 드렸다. 목사나 전도사 등 전문 교역자도 없었고, 일요일 낮 예배 때만 읍내의 큰 교회에서 근무하는 전도사가 와서 예배를 집전하였다. 신도라고 해봐야 일고여덟 명이 전부였지만, 그래도 내가 모아 가르친 초등학교 학생들이 십여 명 있어서 활기가 돌았다.

교회에는 두 분의 장로님이 계셨는데, 신앙이 매우 깊었고 몸소 그리스도의 사랑을 실천하는 분들이었다. 장로님들은 자신들은 더덕더덕 헝겊으로 기운 러닝셔츠를 입으시면서도 어려운 신도들에게 먹을 식량을 나눠주시고, 입을 옷가지를 챙겨주셨으며, 병원에 가지 못하는 신도들의 병원비를 대주셨다. 항상 낮은 자세로 신자들을 돌보셨고, 어려운 일에 앞장서셨다.

장로님들의 신실한 믿음과 사랑의 실천은 나에게 깊은 감명을 주었고, 나의 신앙이 성장하는 데 큰 도움이 되었다. 그분들에게서 신앙인의 자세와 참된 신앙의 길이 무엇인가를 배웠다. 또한 십여 명의 초등학교 학생들을 가르치는 과정을 통해서 경건생활과 헌신을 경험하게 되었고, 나의 믿음도 성장해갔다.

'네 이웃을 네 몸과 같이 사랑하라(『마태복음』 22장 39절)', '할 수 있거든이 무슨 말이냐. 믿는 자에게는 능치 못할 일이 없느니라 (마가복음 9장 23절)', '항상 기뻐하라. 쉬지 말고 기도하라. 범사에 감사하라(데살로니가전서 5장 16~18절)'와 같은 성경말씀은 나의 사상과 삶의 지침이 되었다.

이러한 신앙생활의 경험은, 내가 인생의 행로에서 폭풍을 만나서 칠흑 같은 어둠에 휩싸여 휘청거릴 때, 뜨거운 열사의 사막 한복판에 외롭게 낙오된 나그네처럼 외로움에 한 걸음도 나아갈 수 없는 절망감에 휩싸일 때, 앞길을 인도하는 한 가닥 빛이 되었다. 목마른 갈증을 풀어주는 한 모금의 시원한 물이 되었고, 절망에 꺼꾸러지지 않고 앞으로 나아가게 하는 힘이 되었다. 현실이 견딜 수 없을 만큼 괴롭고 갈 길이 아무리 험하고 멀어도, 하나님의 사랑과 자비가 함께하신다는 흔들림 없는 믿음이 나로 하여금 고난에 오히려 미소 지을 수 있는 인내와 용기를 주었다. 신앙생활을 통한 내 영혼의 깨달음이었다.

습관(習慣)의 힘

"성공한 사람들이 갖고 있는 하나의 공통점은 그들이 비로 좋은 습관을 바탕 삼아 일상생활을 하고 있다는 점이다. 성공한 사람과 보통 사람의 차이는 지능이나 재능, 능력이 아니다. 바로 그 사람이 갖고 있는 습관의 차이에 있다. 사람들의 일상생활 가운데 90%는 습관의 바탕 위에서 이뤄진다. 따라서 삶을 효과적으로 변화시키는 유일한 방법은, 바로 습관을 바꾸는 것이다."[6]

어려움을 딛고 성공하기 위해, 바람직한 삶을 위해 어떤 습관과 태도를 지녀야 하는지 모르는 사람은 없을 것이다. 누구나 나쁜 습관을 고치고 싶을 것이다. 열심히 공부하고 훌륭한 인격을 쌓아야 한다고 생각할 것이다.

실제로 대부분의 사람들은, 각각 자기 나름의 방식을 통해 보다

---

6) 잭 D. 핫지, 김세중 역, 『습관의 힘』, 「서론」, 아이디북, 2004

나은 존재, 더욱 성공적이고 희망적인 삶을 실현하고자 노력한다.

하지만 모든 사람이 능력 있고 훌륭한 인격을 겸비한 사람이 되는 것은 아니다. 좋은 습관을 갖고 열심히 일하는 사람이 되고 싶지만, 자신의 의지나 희망과 관계없이 그렇게 하지 못하는 경우가 대부분이다.

관련 연구에 따르면 사람들은 평생 자기에게 주어진 능력의 5%도 채 사용하지 못한다고 한다. 다른 사람보다 1%의 능력만 더 사용할 수 있다면 그 사람은 엄청난 능력을 발휘할 수 있다고 한다.

다시 말해 성공한 사람과 그렇지 못한 사람을 결정하는 요소는 아주 작은 생각과 행동 그리고 습관의 차이만 있을 뿐이라는 것이다. 즉, 우리가 매 순간 어떤 자세로 살아가는가, 습관 하나하나를 어떻게 길들이는가에 따라, 그 결과가 성공과 실패로 나뉘게 되는 것이다.

백두산 정상에 떨어진 빗방울 가운데 하나는 동쪽으로 흘러내려 두만강을 만나 동해에 이른다. 다른 하나는 서쪽으로 흘러가 압록강을 거쳐 서해에 이른다.

천 리 길도 한 걸음부터 시작하며, 작은 샘물이 흘러내려 도랑물이 되고, 도랑물이 합쳐져 냇물을 이루고, 냇물이 강을 거쳐 바다에 이른다.

시초는 아주 작은 것에서 시작된다. 출발점에서는 아주 사소한 차이라 하더라도 결과적으로 엄청난 차이를 낳는 것이다. 시작은 미미하나 그 결과는 창대한 것이다.

우리의 삶도 마찬가지다. 한 사람이 어떤 목적을 세우고 어떤 태도를 지니고 한순간, 한순간, 하루하루를 어떻게 살아가느냐에 따라 오랜 세월이 지난 후 삶의 결과물은 커다란 차이를 보인다. 어떤 습관으로 살아가는지에 따라 삶의 목직을 이루고 성공하는 사람이 되는가 하면 반대로 실패하는 사람이 되기도 한다.

윌리엄 제임스[7]는 말한다. "우리가 이뤄낸 수많은 발견 중에서 가장 위대한 것은, 단지 습관을 바꾸는 것만으로도 스스로의 인생이 확 바뀔 수 있다는 사실이다"라고.

정신활동 준비운동

매일 약 15분 정도 하는 맨손체조는 초등학교 때부터 지금까지 해오고 있는 나의 하루 일과의 시작이다. 나는 학교에서 배운 체조에 군대에서 배운 '도수체조'를 합치고 다시 나름대로 개발한 세 가

---

7) 윌리엄 제임스(William James, 1842~1910): 미국의 심리학자·철학자.

지 운동을 추가, 총 열두 가지 동작의 다양한 체조를 만들어 꾸준히 해왔다.

체조를 매일같이 지속해온 덕분인지, 환갑을 훌쩍 넘긴 나이임에도 신체적으로 건강하고 특히 나이에 비해 유연한 몸을 갖고 있다. 누구나 겪는다는 오십견 등도 겪지 않았고, 살아오면서 질병으로 병원신세 진 적 없었으며, 감기 등의 잔병치레도 거의 하지 않았다. 이처럼 맨손체조는 달리기, 테니스, 골프 등 모든 종류의 신체활동에 앞서 준비운동으로 해주면 매우 좋다.

일반적으로 수영이나 축구, 달리기 등 모든 종류의 운동을 시작할 때는 스트레칭 등 준비운동을 반드시 해야 한다. 몸이 움직이지 않는 상태에 있다가 갑자기 운동을 하게 되면 근육 등 신체에 무리가 생길 수 있기 때문이다.

축구선수나 배구선수가 아무런 사전 준비운동도 하지 않고 바로 경기를 한다고 가정해보자. 기량을 제대로 발휘할 수 없을 뿐만 아니라, 경우에 따라서는 신체에 부상을 입는 상황도 벌어질 수 있을 것이다.

이처럼 신체활동을 시작하기에 앞서 준비운동을 해주듯 공부나 업무 등 정신적 활동을 할 때도 반드시 사전 준비운동이 필요하다. 특히 공부를 할 때는 고도의 정신집중을 요구하기 때문에 준비운동이 필수적이다.

예를 들어 공부하기 전에 운동이나 TV를 시청하고 있었다면 운동이나 TV시청에 맞춰진 심신 상태에서 완전히 벗어나 새로운 정신자세로 공부를 시작해야 하기 때문이다.

즉, 자동차 운전에 앞서 운전석에 앉아 안전벨트를 매고 의자를 몸에 맞게 조정하듯, 등산을 시작하기 전에 올라가야 할 산을 한 번 쳐다보고 심호흡을 해보듯, 공부를 시작하기 전에는 호흡을 가다듬고 자신의 의식에게 지금부터 정신 바짝 차리고 공부에 집중하고, 그 배운 것을 잘 기억하자는 신호를 보내야 하는 준비 작업이 필요하다.

그런데, 많은 사람들이 신체활동을 할 때와는 달리 공부나 일 등 정신적인 활동에는 사전 준비운동이 필요하다는 생각을 하지 않는다. 그렇지만 어떤 면에서는 신체적 활동보다도 훨씬 더 복잡하고 고차원적인 활동이 정신적 활동이기에 더욱 더 준비운동이 필요하다고 볼 수 있다.

이렇게 정신활동을 하기 전에 정신적인 준비운동을 했을 때와 하지 않았을 때는 그 성과가 확연히 다를 수밖에 없는 것은 두말할 필요가 없다.

공부와 같은 정신활동 전에 사전 준비운동이 필요한 이유는 이전에 하던 일을 확실히 정리하지 않으면 그 잔상(殘像)이 남아 있어 새로 시작하는 일에 100% 몰입할 수 없기 때문이다. 공부를 시작하기 전에 운동을 했다면 운동을 할 때 일어났던 이런저런 일, TV를 시청했다면 그 내용이 머릿속에 상당 시간 남아 있게 된다. 따라서 이런 잔상을 완전히 제거하고, 새로운 마음과 자세로 공부나 일을 시작해야 하는 것이다.

정신활동을 위한 준비운동에는 여러 가지 방법이 있다. 신앙생활을 하는 사람이라면 준비운동이 훨씬 쉬울 수 있다.

예컨대 기독교 신자라면 공부나 일에 앞서 잠시 기도 묵상을 한다. 불교 신자라면 염불이나 좌선명상을 통해 정신집중을 유도한다.

이런 준비운동의 수단으로 가장 잘 알려진 방법이 단전호흡[8]이다. 먼저 단전호흡을 3~4회 실시해 심신을 안정시키면서 새로운 마음가짐과 자세를 갖춘다.

호흡을 천천히 실시하면서 공부하는 장면이나 공부내용이 그대로 머릿속으로 들어가 고스란히 기억되는 이미지를 그려본다. 이어서 공부를 마친 후 흡족한 모습으로 즐거워하는 모습까지 구체적으로 상상해보는 것이다.

비록 잠깐 동안이나마 이런 준비과정을 거치고 나면 그렇지 않

---

8) 단전호흡 등 각종 호흡법에 대해서는 제4장 '집중력을 기르는 호흡의 길'에서 자세히 설명하기로 한다.

앉을 때보다 훨씬 더 새롭고 생동감 넘치는 마음자세를 갖추게 되고, 정신을 집중해 일이나 공부를 시작할 수 있게 된다.

미리 상상(想像)하기

지금 고등학교 학생들이 국어책을 펴놓고 이희승 선생의 수필 「독서와 인생」이라는 내용을 공부하려고 한다. 대부분 별 생각 없이 책을 펴들고 그 내용을 읽어 내려갈 것이다. 하지만 그냥 읽는 방법 대신 다음과 같이 해보는 것이다.

첫째, 우선 「독서와 인생」이라는 글을 처음 읽는 경우라면, 내용을 읽기에 앞서 약 1~2분간 과연 무슨 내용이 있을지를 상상한다.

이때 여러 가지 상상이 떠오를 수 있을 것이다. 짧은 시간이라도 이렇게 미리 생각하는 시간을 갖는 것, 바로 이런 과정이 본격적인 정신활동에 앞선 준비운동이다.

이후, 그 내용을 읽어 내려간다. 본격적인 정신활동에 들어가는 것이다. 이때 글의 내용 가운데 자신이 미리 상상했던 것과 같은 내용이 나오면 희열감이나 만족감을 느낄 수 있으며, 이미 아는 내용이기 때문에 시간과 노력을 기울이지 않고 다음 내용으로 넘어갈 수 있다.

반대로 자신이 전혀 상상하지 못했던 내용이 나오면, 그 내용을 아주 뚜렷이 기억하게 된다.

이런 연습을 반복하다보면 어느 순간부터 책만 집어 들면 자연스럽게 정신집중 상태가 되고, 이어 글 내용에 대한 호기심이 발동하고, 공부하고 싶은 마음이 '자동적으로' 솟아나는 그런 변화가 생긴다.

둘째, 「독서와 인생」을 이미 읽었던 적이 있고, 복습하는 경우다. 이때는 복습에 앞서 기억력을 최대한 동원해 기억 속에 저장된 내용을 머릿속에 떠올려본다.

이후 책을 읽어 내려간다. 책을 읽는 동안 자신이 기억했던 내용이 나오면 이미 아는 내용이기 때문에 시간과 노력을 소모하지 않고 바로 다음 내용으로 넘어가게 된다.

반대로 미처 기억해내지 못한 새로운 내용이 나오면 자신도 몰래 의식 속에서 '그래, 이러한 내용도 있었지!' 하는 느낌을 갖게 되고, '이번에는 꼭 기억해야지!' 하는 욕구로 이어진다.

두 가지 경우 모두 준비운동 과정을 겪었기에 공부한 내용이 잘 이해되고 오래도록 기억하게 된다.

나는 대학 시절 사법시험 준비를 할 때 바로 이 방법을 사용했다. 물론 딱딱하고 무미건조한 내용의 법률 서적을 대상으로 이런 방법을 실행하는 것은 결코 쉽지 않았다. 하지만 끈기를 가지고 그 방법을 이용해 책을 읽고 공부했다.

법률 책을 처음 공부할 때에는 제목뿐만 아니라 세부적인 목차를 봐도 도대체 무슨 내용일지 전혀 상상되지 않을 때가 많았다. 그래도 좌절하지 않고 무슨 내용일지를 거듭 상상하곤 했다. 때로는 전혀 알 수 없는 책의 내용을 막연히 상상하는 일이 무의미하게 느껴지기도 했다.

그러나 계속해서 이런 자세로 공부를 하자 몰라볼 정도로 공부에 대한 집중도와 열정이 높아지기 시작했다. 날이 갈수록 이런 공부방법이 습관화되었고, 이에 따른 놀라운 학습효과가 나타났다.

이런 방법으로 공부를 하니 앞에서 말한 것처럼, 기억하고 있던 부분은 눈으로 스쳐가는 식으로 읽어나갔고, 기억하지 못했던 대목은 '아! 이런 내용이 있었지!' 하는 생각이 들면서 더욱 또렷이 기억할 수 있게 되었다.

이런 방법을 습관화하면 뛰어난 학습효과를 올릴 수 있게 된다. 비단 공부를 할 때만 이런 준비운동이 필요한 것은 아니다. 일이나 운동, 글쓰기, 그림 그리기 등 무슨 활동을 하든지 그 활동의 효과를 높이려면 반드시 필요한 과정이다.

이러한 공부방법이 특별히 번거롭거나 힘든 일도 아니다. 새로운 것을 대할 때는 미리 '다양하고 풍부한 상상'을 해보는 일, 익숙한 것을 다시 대할 때는 '최대한 많이 기억해내는 것'이라는 단순한 두

뇌운동일 뿐이다.

하지만, 이런 준비운동 과정을 생략했을 때와 제대로 실행했을 때 결과적으로 얻게 되는 어떤 일이나 공부의 효율성 차이는 실로 엄청나다.

과외와 독학의 장단점

요즘엔 학원이나 인터넷 교육 등 다양한 교육시설이 넘쳐나지만, 1970년대 내가 대학생이었을 때는 교육 인프라가 무척 부실했기에 이른바 가정교사라는 제도가 있었다.

대학생들이 어린 학생들의 공부를 돌보며 학비와 생활비를 마련하는 수단이기도 했다. 학생의 집에서 함께 숙식하며 학습을 돕는 소위 입주 가정교사 제도도 있었고, 시간제로 영어, 수학 등 몇몇 과목만 가르쳐주는 과외교사도 있었다.

나 역시 서울대 법대 재학 시절, 3년 정도 '가정교사' 생활을 했었다. 낮에는 대학교 공부하랴, 저녁이면 가정교사로 중학생이나 고등학생의 공부 봐주랴, 그야말로 또 한 번의 주경야독(晝耕夜讀)의 시기를 보내야 했다. 그러다보니 늘 시간이 부족해 몸과 마음은 고달팠지만 경제적으로 도움을 얻을 수 있었고, 누군가를 가르친다는 것 역시 무척 유익한 경험이었다.

그렇다면 과외교육의 효과는 어떨까.

학생의 입장에서 볼 때 투자 대비 효과적인 학습수단일까.

내 경험에 비추어보자면 과외의 교육효과는 결코 긍정적이지 않다고 생각한다. 당시 함께 가정교사를 했던 친구들이 "훗날 내 자녀들에게는 절대 과외를 시키지 않겠다"는 말을 하곤 했을 정도로 과외공부는 '득보다는 실이 많다'고 평가한다.

과외공부의 가장 큰 폐해는 수동적인 학습태도를 키운다는 점이 아닌가 싶다. 학생 스스로 공부하는 방법을 찾거나 습관을 들이지 못하는 타율적인 공부법, 소극적인 학습법이라는 점이다.

나의 경우, 어려운 가정 형편으로 인해 검정고시를 거쳐 대학에 진학했던 탓에 독학(獨學)의 장단점을 잘 알고 있었다. 독학이 주는 장점이자 효과는 무척 높았다. 늘 자발적이고 즐거운 마음으로 공부할 수 있었기 때문이다.

무슨 일이든 열심히 하는 사람보다 즐겁게 하는 사람이 더 잘한다. 그리고 즐겁게 하는 사람보다 미치도록 좋아하는 사람이 더 잘하게 되는 것은 당연한 일이다.

물론 독학의 단점이자 어려움도 있었다. 독학은 때맞춰 가르쳐주는 사람이 없기에 공부 속도가 느려지고, 규칙적인 생활에서 벗어나 있기에 자칫 나태해지기 쉽다. 또 과목에 따라 쉽게 갈 수 있는 길을 멀리 돌아서 가야 하는 등 즉, 공부방법의 비효율성 등도 꼽을 수 있을 것이다.

 사실 공부를 잘하는 방법은 단순하다. 앞서 언급한 두뇌 준비운동 과정을 통해 자발적이고 적극적인 자세로 100% 집중하여 즐겁게 열심히 하면 충분하다.

 더욱이 학생의 경우, 공부를 1~2년 하다 말 것도 아니기에 이왕 해야 하는 공부라면 최대한 즐겁고 효율적으로 하는 것이 바람직하다.

 우리나라의 경우, 초등학교와 중·고등학교 12년에 대학 4년, 거기에 유치원과 대학원 등까지 감안한다면 학교 공부만도 대략 20년 가까이 해야 한다. 더욱이 성인이 된 이후에도 이런저런 직업 관련 공부를 해야 한다.

 이렇듯 거의 평생에 걸쳐 해야 하는 공부를 가정교사나 선생님에게 이끌려 마지못해 하는 것이라면 그 효과는 과연 어떨까. 학습효과를 기대하기 어려운 것은 당연하고, 당사자에게는 정말 지겹고 힘든 일이 아닐 수 없을 것이다.

"나를 가르쳐라!"

독학 과정을 통해 자발적 학습의 참맛을 알고 있었던 나는 당시 가정교사 생활을 할 때도 이런 방법을 최대한 적용했다. 어린 학생에게 뭔가를 가르쳐주는 것보다 자발적이고도 적극적인 자세로 즐겁게 공부하는 태도를 길러주는 것이 더 중요하다고 생각했던 것이다.

일차적으로 무엇보다도 학교에서 배운 공부내용을 거의 100% 소화하고 기억할 수 있도록 하는 습관을 길러주는 것을 목표로 삼았다. 이런 목표달성을 위해 고안해낸 방법이 '롤 체인지(role-change)' 방식이었다.

즉, 학교에서 배운 것이나 새로운 과제를 학생에게 가르쳐주는 것이 아니라, 반대로 학생이 그날 학교에서 배운 것을 나에게 가르치도록 했던 것이다.

이런 교습법의 첫째 목적은 학생이 학교에서 수업시간에 정신을 집중하여 열심히 공부하는 습관을 길러주는 것이고, 학생 스스로 공부하는 방법을 터득하도록 하는 능력을 갖추도록 하기 위해서였다. 두 번째 목적은 학생으로 하여금 그날 학교에서 배운 내용을 확실하게 복습하도록 하기 위한 것이었다. 이 방법을 활용한 결과 그 학습효과는 대단했다.

처음에는 도대체 저 학생이 학교 수업시간에 뭐했나 싶을 정도로 수업내용을 거의 기억해내지 못했다. 심지어 학교에서 첫 시간에 무슨 과목을 공부했고 마지막 시간에 무슨 과목을 공부했는지조차 헷갈려 했다.

그래서 이 방식으로 가르치기 시작한 초창기에는 공부와 관계없는 이야기부터 하기 시작했다. 그날 학교에서 무슨 일이 있었는지 그리고 친구들 이야기, 기억에 나는 사건 등에 관해 물었다. 그랬더니 학교에서 벌어졌던 재미있는 일이나 선생님으로부터 친구가 야단맞은 일, 친구들이 싸운 일 등을 이야기하기 시작했다.

그 다음에는 첫 시간에 무슨 과목을 공부했고, 그 선생님은 어떤 분이며, 어떤 색깔의 옷을 입고 있었고, 그 시간에 누가 선생님으로부터 칭찬을 받고 야단을 맞았는지 등등 공부시간에 일어난 일을 세세하게 질문해나갔다. 그리고 나중에는 수업시간에 구체적으로 어떤 내용의 공부를 하였는지 나에게 이야기해주도록 했다.

이러한 수업방식을 계속 이어나가자 무엇보다 학생의 수업태도가 진지해졌다. 집에 와서 나에게 조잘조잘 이야기해줘야 했기에, 또 공부 외에 어떤 질문이 나올지 모르기에 가급적 많은 것들을 기억하려 노력했고 나에게 이야기해주기 시작했다.

그렇게 3개월 정도 지나자, 처음에는 그날 수업시간에 있었던 일에 대해 단 한마디도 이야기하지 못했던 학생이 공부 내용은 물론

이고 그 시간에 일어난 사소한 일까지 전부 기억해냈다.

당시 내가 지도했던 학생은 초등학교 5학년과 중학교 3학년생 남매였는데, 어느 순간부터는 공부한 수업내용을 거의 전부 이야기했고, 그 시간에 벌어졌던 에피소드까지 곁들여서 한 시간 동안 수업한 내용을 근 한 시간에 걸쳐서 이야기하는 것이었다.

이렇게 되자 시간이 부족해서 학생이 학교에서 공부한 모든 내용을 들어줄 수 없게 되었다. 그래서 나중에는 그날 수업 시간표를 보고, 무작위로 어느 한 과목을 지정해서 배운 내용을 나에게 '가르치도록' 했다.

결과는 기대 이상이었다. 학생들의 성적이 순식간에 향상되었고, 내가 과외공부를 맡은 지 불과 5개월 만에 당시 중하위권이었던 성적이 최상위권으로 훌쩍 뛰어올랐다. 부모들의 칭찬이 자자했고, 나로선 별다른 노력 없이 실력 있는 가정교사가 될 수 있었다.

이런 방식의 과외 교습법을 통해 세 가지 효과를 확인할 수 있었다.

첫째, 수업시간에 집중해 공부하는 습관을 들인 것이다. 그런 습관이 정착되자 혼자 공부하거나 과외공부를 할 때도 자연스럽게 정신집중이 가능해졌다.

둘째, 공부한 당일 철저히 복습하는 효과를 거두었다. 우리의 기억은 정보를 받아들인 후부터 서서히 망각되는데, 복습을 통해 망각을 즉각 저지하고 더욱 오래 기억되도록 했다.

셋째, 학생 스스로에 대한 자신감을 심어주었다. 즉, 자신이 과외 선생을 오히려 가르침으로써 더욱 적극적인 자세로 철저히 공부하는 습관을 기르게 된 것이다. 사실 누군가를 가르친다는 것은, 그 내용에 대해 충분히 숙지하고 정확히 이해해야 가능하기 때문이다.

자기시험법

중학교 시절의 경험이다. 우리 반 학생들이 배우는 여러 과목 가운데 생물 과목 성적이 가장 좋았던 기억이 난다. 그 이유는 매일 수업이 끝날 때쯤 쪽지 시험을 보았기 때문이다. 시험이 기다리고 있기에 당연히 그 시간에는 공부에 집중할 수밖에 없었던 것이다.

이렇듯 수업을 마친 후 간단한 쪽지시험을 본다면 훨씬 집중해서 수업을 받게 되어 학습효과가 크게 높아지게 된다. 수업이 끝나면 그 자리에서 시험을 보는 이른바 '당일 시험'은 육군사관학교 등에서 오래전부터 시행해오고 있는 제도다.

우리가 공부를 마친 후, 4~5분 정도 시간을 할애해 공부한 내용을 머릿속으로 스스로 복습해보는 것은 마치 수업이 끝난 후 바로 시험을 보는 것과 같은 학습방법이다. 이를 가리켜 '자기시험 방법'이라 한다.

무의식적으로 공부가 끝나면 스스로 시험(자기시험)을 본다는 의식이 작동하여 자연히 공부에 집중하게 된다. 이러한 습관으로 공부를 하면 자연히 집중력과 기억력이 좋아진다.

교육효과와 기억력의 지속성에 대한 연구에 따르면 수업 중 기억 했던 내용의 50% 정도는 학습 후 한 시간이 지나면서부터 급속히 망각되기 시작한다고 한다. 따라서 공부를 마치자마자 4~5분간 즉시 복습을 하는 것은 기억력을 장기적으로 지속시키는 효과가 크다.

이때 기억 효과를 더욱 증대시키려면 '이미지 트레이닝'을 통한 자기암시를 해주는 것이 필요하다. 공부를 시작할 때 즐겁게 공부 하는 모습과 학습내용이 그대로 머릿속에 입력되는 것을 이미지화 하여 상상하는 것이다. 공부를 마칠 때도 그 시간에 배운 것이 모 두 기억되었다는 것을 상상하는 것도 기억력을 증대시키는 자기암 시 수단이다.

정신활동 준비운동이나 자기시험 방법은 자신의 능력계발에 큰 도움을 준다. 더욱이 이런 방법을 실천하는 것은 번잡한 절차나 많 은 시간을 요구하지도 않는다. 어떤 공부나 일을 시작할 때와 마칠 때 4~5분 정도만 할애하면 충분하다.

문제는 이런 작업을 '습관화해야' 한다는 것에 있다. 공부했던 내용이 잘 기억나지 않을 때는 시간을 좀 더 늘려서라도 어느 정도 기억될 때까지 이런 방법을 반복해야 한다.

처음엔 이런 방법이 습관화되어 있지 않아 다소 생소할 수도 있을 것이다. 하지만 습관화될 때까지 인내심을 가지고 노력하면 나중에는 거의 자동적으로 이러한 방식으로 공부를 하고 마치게 될 것이다.

자기시험 방법은 최대한 정신을 집중해 공부하고, 배운 것을 완전히 이해하고 기억하자는 것으로 운동을 마친 후의 스트레칭이나 마무리 체조와 같은 것이다.

대학생 시절, 사법시험을 준비할 때의 경험이다. 본격적인 공부에 앞서 일단 학습효과를 높일 수 있는 각종 방도를 알아보았다. 당시 정신집중법, 배운 것을 확실히 이해하고 오래 기억할 수 있는 방법 등에 대해 여러 가지로 연구하고 실천했다.

당시 처음으로 명상을 접했고 단전호흡법을 익혔다. 나의 정신능력이 옥토와 큰 그릇이 되도록 노력했다. 공부를 시작하기에 앞서 준비 작업을 나름대로 철저히 한 것이다. 이후 법률서적을 본격적으로 공부할 때는 '자기시험 방법'을 철저히 실천하여 큰 성과를 얻었다. 당시 내가 실행했던 '자기시험 방법'은 이렇다.

먼저 공부를 시작하기 전에 정신활동 준비운동을 철저히 실행했다. 즉, 책을 읽기 시작하기 전에 4~5분간 읽어야 할 책의 내용에 대해 미리 생각해보았다. 그리고 책을 읽기 시작했으며, 공부를 마칠 때는 다시 4~5분간 머릿속으로 공부했던 내용을 최대한 많이 떠올리는 시간을 가졌다.

이때 내용이 잘 떠오르지 않을 때는 4~5분이 아니라 10~20분간을 보내기도 했다. 공부한 내용을 최대한 구체적으로 되살려 눈앞에 떠올리고자 했다. 물론 처음에는 생각처럼 쉽지 않았다. 하지만 이러한 작업을 하루에서 이틀, 한 달에서 두 달간 계속했고, 3개월가량 지나자 마침내 그날 공부한 내용을 거의 기억해낼 수 있었다.

마치 영화를 보는 것처럼 구체적인 내용을 영상으로 떠올리는 방식이었다. '백문불여일견(百聞不如一見)'이라 하지 않았던가. 의미를 추상적으로 기억해내는 것보다 생생한 영상으로 재생시켜보는 것이 더욱 효과적이기 때문이다.

대학 시절 학교와 과외교사를 맡은 집을 오가느라 버스를 타야 하는 시간이 많았다. 이렇게 이동하는 시간을 이용해 공부한 것을 복습했다.

새벽에 일찍 일어나 두 시간 정도 공부했고, 그 내용을 등교하는 버스 안에서 머릿속으로 복습했다. 당시 내가 집에서 학교 강의실까지 가는 시간이 1시간 30분 정도 소요되었다.

학교에서 배운 공부는 다시 과외를 하러 가는 버스 안이나 귀가 시간을 이용했다. 이렇게 이동하는 시간에 배운 것을 기억해내면서 암기한 결과, 고시공부 2년 만에 사법시험에 합격할 수 있었다.

몰입과 집중력

"공부는 머리 좋은 녀석이 하는 게 아니라 엉덩이가 무거운 녀석이 한다"는 말이 있다. 끈질기게 노력하는 사람이 승리자가 된다는 말이다. 그러나 노력도 노력 나름이다. 100% 집중하여 공부할 수 있는 능력을 기르는 것이 참된 공부의 길이다.

공부를 잘하는 여러 요소 가운데 가장 중요한 요소는 IQ 수치도 아니고 공부환경도 아닌 오로지 공부에 몰입할 수 있는 능력, 즉 강한 집중력이다.

공부할 때뿐만 아니라, 일상생활에서 어떤 일을 하든지 '그 순간, 그 일'에 몰입하는 태도는 절대적으로 꼭 필요한 중요한 요소다. 일상생활을 하면서도 항상 '바로 지금 그리고 여기'에 몰입하는 습관을 체질화해야 한다. 물론 집중력은 하루아침에 길러지는 것이 아니다.

오늘날 공(公)교육 현장을 보면 과외교사 시절의 감회가 새롭다. 많은 사람들이 우려하는 공교육 현장의 문제점은 여러 가지가 있겠지만, 가장 심각한 문제는 학생들이 학교 공부를 중요하게 생각하지 않고 집중하지 않는 분위기가 팽배해 있는 점이 아닐까 싶다.

공부는 학원수강 등 사교육을 통해서 이뤄지고, 학교수업은 대강대강 하거나 그 시간에 학원숙제를 하거나 잠을 자는 등 놀랍고도 어이없는 일이 교육현장에서 벌어지고 있다고 한다.

이런 풍토가 만연해지면서 선생님들의 권위 역시 덩달아 추락하고 있고, 학교교육의 당위성을 상실해가는 것은 참으로 안타까운 일이다.

문제는 오로지 집중력이다. 정신집중이란, 어떤 때는 몰입하고 어떤 때는 대충 해도 되는 것이 아니다. 잠재의식에서 비롯되는 습관은 무서운 것이다. 항상 '바로 지금 그리고 여기'에 몰입하는 생활태도가 습관화되어야 어디서 무엇을 하든지 늘 최선을 다하게 되는 것이다.

이를 위해서는 평소에 생활태도를 정착시키는 것이 중요하다. 집중과 몰입을 못하는 사람은 어떤 일을 할 때 아무리 최선을 다하려 해도 100% 성과를 얻어낼 수 없다. 학교공부에 몰입하는 태도가 습관화되지 않은 학생이 과외를 받거나 학원이나 집에서 공부한다고 해서 갑자기 없던 집중력이 생겨나지는 않기 때문이다.

학교공부에 완전히 집중할 수 있는 학생은 학원이나 집에서 공부할 때도 늘 집중하게 된다. 당연히 학습효과가 월등하게 높아지므로 공부하는 시간이 적어도 상대적으로 더 좋은 결과를 얻어낼 수 있다.

학창 시절의 경험에 따르면 학교공부 시간에 100% 집중할 수만 있다면 학과공부는 수업시간에 배우는 것만으로도 충분하다고 본다. 이렇게 효율적으로 공부를 하면 남은 시간은 독서나 취미생활, 운동 등 하고 싶은 것에 사용할 수 있을 것이다.

공부를 잘하는 학생들은 그렇지 못한 학생들에 비해 책도 더 많이 읽고, 운동이나 취미활동도 활발히 한다고 알려져 있다. 집중력이 뛰어나 같은 시간에도 여러 가지를 효율적으로 해낼 수 있어 공부에만 매달리지 않아도 되기 때문일 것이다.

모든 학업이나 업무수행 과정에서 기억은 무척 중요한 요소다. 그리고 배우거나 경험한 것을 확실히 알고 있어야 이를 필요로 할 때 즉각 기억해낼 수 있다.

물론 기억을 잘하기 위해서는 뇌기능이 좋아야 하고, 뇌기능이 활발하려면 몸과 마음이 건강해야 한다. 건강한 신체에 건강한 정신이 깃들 수 있기 때문이다.

기억력을 높이려면, 공부든 일이든 일단 시작하면 영혼과 정신과 신체가 혼연일체가 되어 100% 집중해야 하며, 여러 가지 능력계발 방법을 실천해 습관화함으로써 집중력을 기르고 뇌기능을 활성화해줘야 한다.

100% 집중하는 것이 가장 중요한 요소이자 본질이다. 호흡법이나 명상 등 나머지 수단들은 집중을 돕는 수단으로 작용할 뿐이다.

집중력의 놀라운 효능

집중력의 효능은 무척 신비롭다. 두뇌작용 과정에서 고도의 집중상태에 몰입하면 다양한 신체적 변화가 생겨나는 것으로 밝혀졌다.

정신활동 능력을 높여주고 마음 상태를 편안하게 만들어주는 엔도르핀·도파민·세로토닌과 같은 양질의 호르몬의 분비가 촉진된다. 동시에 세포 조직의 노화를 촉진하는 활성화산소 발생을 억제하고 활성화산소 중화물질 분비를 증가시켜 몸의 활력을 증진시켜준다. 즉, 집중력 강화, 두뇌 능력의 고도화, 학습 능력과 일처리 능력의 극대화가 이루어지게 되는 것이다.

이렇게 몸과 마음이 활성화된 상태에서 공부나 일을 하면 영혼과 마음과 신체가 혼연일체가 되어 거의 무아지경의 상태에서 공부나 일을 할 수 있게 된다. 시간의 흐름을 전혀 느끼지 못할 정도로 몰입된 상태가 된다. 하고 있는 공부나 일이 힘들다거나 지루하다거나 하기 싫다는 등의 감정 자체가 아예 일어나지 않는다. 어떤 일을 하든 전혀 힘들게 느껴지지 않고, 모든 일을 물 흐르듯이 쉽게 해낼 수 있으며, 그 결과 무엇을 하고 있든 간에 최상의 능력을 발휘할 수 있는 것이다.

모든 일에 능률적이 되고 창의력이 넘친다. 정신은 지극히 평온하고 온몸이 나른할 정도로 힘이 빠진 상태지만 동시에 온몸에 가득 찬 기운이 느껴지기도 한다.

무아경(無我境)

진리에 이르는 길, 좁게 보면 삶의 완성을 이루는 방법은 오직 하나다. '지금·여기'에 100% 집중(몰입)하는 것이다. 생명에 이르는 길도 오직 하나다. '지금·여기'에 100% 몰입하는 것이다. 이것만이 주어진 삶에서 최고의 능력자가 되어 최대의 행복을 얻어낼 수 있는 최상의 방책이다.

따라서 우리가 추구해야 할 길은 오직 하나 '지금·여기'에 전인적

(全人的), 즉 영혼과 마음과 신체가 혼연일체가 된 상태로 100% 집중하는 것이다. 그 이외의 다른 길은 없다.

모든 명상법이나 수행의 목적은 바로 여기에 있다. 단지 어떻게 우리의 영혼과 마음과 신체를 일체로서 '지금·여기'에 100% 집중시킬 수 있느냐가 관건이다. 1초 전의 과거도, 1초 후의 미래도 아닌, 찰나로서의 '지금·여기'에 어떻게 해야 전인적으로 몰입할 수 있게 하느냐 하는 문제인 것이다.

'지금·여기'에 완전히 몰입한다는 것은, 전인적으로 집중하여 '지금·여기'에 나의 모든 것을 쏟아 붓는 것을 의미한다. 그 순간은 나의 실체도 사라지고 오직 '지금·여기'만이 존재하는 것이다.

즉, 나의 존재는 지금 하고 있는 일, 그리고 상대하고 있는 대상과 완전히 하나가 되어 하고 있는 일 그 자체, 상대하고 있는 대상 그 자체가 되는 것이다.

이런 순간을 가리켜 무아경(無我境)이나 물아일체(物我一體)라 부르는데, 어떤 특별한 현상이 아니라 인간의 영혼, 정신, 신체 등 모든 기능을 통합하는 강력한 정신집중 상태 즉, 몰입의 결과물인 것이다.

예를 들어 스키를 타고 슬로프를 질주해 내려올 때를 가정해보자. 그 순간 우리의 모든 의식은 오직 쏜살같이 산 밑으로 미끄러지는 스키에 온몸을 맡기고 넘어지지 않으려고 균형을 잡고 진로에 방해물이 없는지 등 '질주와 안전'에만 집중하게 된다.

이때만큼은 스키 타기 직전(과거)에 있었던 일이나 직후(미래)에 있을 일, 그 밖의 다른 일체의 일을 생각할 틈이 없다. 우리의 의식 (현재의식과 잠재의식)과 예지력은, 이러한 상황에서 찰나의 순간이라도 딴생각을 하면 눈 속에 내동댕이쳐진다는 것을 너무도 잘 알고 있기 때문에, 오직 스키 타는 그 일에만 집중하게 되는 것이다.

이렇게 '스키 타는 일(바로 지금 그리고 여기)'에 몰입하고 있는 바로 그 순간, 어떻게 보면 가장 힘들고 어렵다고 여겨질 것 같은 순간인데도 엄청난 스릴과 만족감과 성취감이 한꺼번에 몰려온다.

즐겁다거나 행복하다거나 완벽하다거나 하는 등 그 어떤 감정적인 표현이나 느낌으로 표현하기 힘든 그런 황홀한 상태에 도달하게 되는 것이다.

이런 상태는 암벽을 등반하거나 테니스장에서 종행무진 뛰고 있을 때, 장엄하게 솟아오르는 일출을 바라볼 때, 바이올린 선율에 심취했을 때 등처럼 하고 있는 일이나 대상에 100% 집중할 때 이뤄진다.

그 순간에는 나라는 존재조차 사라지고 오직 바위를 기어오르고, 테니스공을 뒤쫓고, 타오르는 태양빛에 감동하는 그 자체만이 존재하고 의식되고 느껴질 뿐이다. 그 이외의 다른 어떤 것도 보이거나 생각이 나거나 느껴지지 않는다.

이런 상태가 바로 '지금·여기'에 몰입된 경지고, 우리의 영혼과 마음과 신체가 전인적으로 하나가 되고 의식이 통합되어 충만함과 행복감으로 완벽한 삶을 실현하는 순간인 것이다.

우리는 매 순간 고도의 집중력을 발휘해 일이나 대상과 일체가 되어야 한다. 이렇게 몰입할 때 나라는 존재는 시간으로부터, 과거나 미래의 모든 것으로부터, 인생사의 온갖 문제로부터 완전히 벗어나게 된다. 동시에 '지금·여기'의 주제로서 완진한 자유와 뜨거운 열정을 강렬하게 표출시킬 수 있게 되는 것이다.

'지금·여기'에 완전히 몰입하면서 생활할 때에만 참삶을 살아갈 수 있다. 동시에 위대한 능력을 발휘할 수 있으며, 행복감을 느낄 수 있는 것이다.

'지금·여기'에 올인(all-in)하지 않는 삶은 단순히 '지금·여기'라는 지고지순한 삶을 상실하는 데 그치는 것만이 아니다. 그러한 생활태도는 우리에게 부정적이고 불완전한 경험과 흔적을 남긴다. 이러한 경험과 흔적은 우리의 영혼과 마음과 신체에 상처가 되고 삶을 얽어매는 쇠사슬이 된다.

이런 상처와 쇠사슬이 잠재의식에 축적되고 습성이 되면 우리는 불완전한 삶을 살아가는 보잘것없는 존재로 추락하고 마는 것이다.

에디슨의 시계

　최고의 집중이란, 영혼과 마음과 신체가 '지금·여기'에 100% 몰입하는 것이다. 저명한 심리학자 미하이 칙센트미하이는 집중(몰입)에 관해 다음과 같이 설파한다.[9]

　"몰입은 정신력을 모조리 요구하므로 몰입 상태에 빠진 사람은 완전히 그 일에 몰두한다. 잡념이나 불필요한 감정이 끼어들 여지는 티끌만큼도 없다. 자의식은 사라지지만 자신감은 평소보다 커진다. 시간 감각에도 변화가 온다. 한 시간이 1분처럼 금방 흘러간다. 자신의 몸과 마음을 남김없이 쓸 때 사람은 무슨 일을 하고 있든지 그 일 자체에서 가치를 발견한다. 우리의 삶은 스스로를 정당화하게 된다. 체력과 정신력이 조화롭게 집중될 때 삶은 마침내 스스로 힘을 얻는다. 삶을 훌륭하게 가꾸어주는 것은 행복감이 아니라 깊이 빠져드는 몰입이다."

　발명왕 에디슨은 연구를 할 때 그 연구대상과 혼연일체가 되어 몰입된 상태에 있었기 때문에 끓는 물에 달걀 대신 무심코 시계를 집어넣었다.

　이 이야기는 정신집중의 사례로 잘 알려진 일화이다.

---

9) 미하이 칙센트미하이, 이희재 옮김, 『몰입의 즐거움』, 해냄출판사, 1999, 48쪽.

에디슨은 제자에게 '결코 시계를 보지 말라'고 말하곤 했다. 이는 시간의 흐름을 망각하고 오직 '지금·여기'에 완전히 몰입하라는 이야기와 다름이 없는 것이다.

공부나 일도 마찬가지다. 공부나 일을 이렇게 전인적으로 무아지경의 상태에서 하게 될 때 거기에는 수고롭다거나, 싫다거나, 힘들다거나, 지루하다거나, 즐겁다거나 하는 등의 감정이 개입될 여지가 없다.

그 순간에는 느끼는 것, 바라는 것, 생각하는 것이 하나로 어우러지고, 능력과 행복이 하나로 뭉쳐 성취되어간다. 이런 순간이 바로 '무아경'과 '황홀경'이고, 완벽함이고 가장 순수한 상태이며, 해탈(解脫)이며, 신의 세계다.

이러한 몰입이 자주 그리고 긴 시간 지속될 때 우리는 모든 일에 그러한 자세, 즉 전인적으로 몰입하는 습관을 갖는 최고의 능력자가 된다. 그때 최상의 행복을 누리면서 살아가는, 최상의 길을 가는 사람이 되는 것이다.

몰입, 왜 필요한가

모든 일에 적극적이고 능동적인 사람이 그렇지 못한 사람보다 더 높은 능력을 발휘할 수 있고, 정신적, 신체적으로 더 건강하다는 것은 과학적으로 증명된 사실이다.

칙센트미하이의 『몰입의 즐거움』에서 제시하고 있는 각종 연구조사에 따르면 놀이를 하거나 휴식을 취하는 경우에도 능동적 여가와 수동적 여가는 하늘과 땅만큼이나 다르며 심리적 효과도 당연히 판이하게 나타난다.

미국의 십대 청소년들은 TV를 보는 동안에는 13%, 취미활동을 하는 동안에는 34%, 운동이나 게임을 하는 동안에는 44%가 몰입을 경험하는 것으로 조사됐다.

즉, 게임과 운동 등 적극적이고 능동적인 여가활동이 TV시청이란 소극적이고 수동적인 여가활동보다 몰입 및 성취도가 무려 세 배 이상 높은 것으로 나타난 것이다. 하지만 미국의 십대들은 게임이나 운동보다는 TV를 보는 데 무려 네 배나 더 많은 시간을 쏟아붓고 있었다.

그렇다면 그들은 왜 절반에도 못 미치는 즐거움을 얻기 위해 네 배나 많은 시간을 들이고 있는 것일까. 『몰입의 즐거움』은 그 이유를 다음과 같이 설명하고 있다.

"10대들도 자전거를 타거나 친구들과 농구를 하는 것이 TV를 보는 것보다 즐겁다는 것을 인정한다. 다만 적극적인 여가선용을 위해서는 어느 정도 준비와 시간이 필요하다. 몰입할 수 있는 활동은 하나같이 처음에는 어느 정도 집중력을 쏟아부어야 그 다음부터 재미를 느낄 수 있는 것이다. 복잡한 활동을 즐기려면 그런 '시동 에너지'를 어느 정도 확보하고 있어야 한다. 바로 이 틈새를 비집고 '수동적 여가' 활동이 끼어드는 것이다."

쉽게 설명하면 수동적 여가는 어떤 노력이나 집중이 거의 필요하지 않지만, 적극적 여가는 다소의 노력과 집중이 필요하다. 그런 까닭에 사람들은 편한 길을 선택한다는 것이다.

문제는 이렇게 쉬운 길을 가는 성향을 반복하다 습관이 되면 점차 이런 태도가 무의식 속에 뿌리내리게 되고, 그 결과 인격과 성품과 생활 전반이 그렇게 변해간다는 점이다.

경험추출법(ESM)의 효과와 관련, 실험대상인 청소년들을 조사해온 조엘 헥트너의 연구결과도 몰입의 긍정적 효과를 입증해 보이고 있다.

청소년들을 대상으로 2년의 시차를 두고 조사한 결과, 이전보다 몰입경험 빈도가 늘어난 청소년들은 더 많은 시간 동안 공부하고 수동적 여가에 투자하는 시간이 줄었지만, 몰입경험 빈도가 낮은

청소년들보다 집중력, 자부심, 희열, 적극성 면에서 훨씬 높은 점수를 얻은 것으로 나타났다.[10]

집중에 이르는 길

진리를 깨닫고, 공부나 일하는 능력을 극대화하고, 잘못 형성된 부정적인 체질이나 습성을 고치기 위해서 어떻게 해야 할까.

한 번뿐인 삶에서 최상의 능력을 갖추고, 행복한 생활을 하고, 높은 영성과 자비 넘치는 마음을 가진 인격체가 되는 방법은 무엇일까.

방법은 간단하다. '지금·여기'에 100% 집중하는 능력을 갖추면 된다. 언제 어디에서나 무슨 일을 하거나 몰입하는 생활태도를 체질화하고 습관화해야 한다.

오래전부터 지금까지 이어지고 있는 각종 수행법과 능력계발 방법의 핵심은 곧 집중력을 기르는 방법을 찾는 것이라고 볼 수 있다.

그렇다면 어떻게 '지금·여기'에 100% 집중하는 능력을 갖출 수 있을 것인가. 집중력은 타고난 성품과 후천적인 생활태도나 습관 등에 따라 사람마다 차이가 있지만, 훈련과 생활습관을 개선하여

---

10) 미하이 칙센트미하이, 이희재 옮김, 앞의 책, 134쪽.

얼마든지 강화시킬 수 있다.

우선 매사 '지금·여기'에 100% 집중하는 태도를 길러야 한다. 동시에 영적·정신적·신체적 능력을 계발하고 행복한 삶을 돕는 각종 수련법을 공부하고 실천하는 것이다.

단전호흡, 사마타(Samatha, 三昧) 명상, 위빠사나(Vipassana) 명상, 마인드컨트롤, 초월명상(TM), 멘탈 트레이닝, 요가, 뇌호흡, 기수련, 자기암시, 이미지 트레이닝 등이 바로 그런 수련법들이다.

비록 명칭이나 수행방법은 다르지만, 모든 명상이나 정신수련의 궁극적인 목적은 '깨달음'에 있다. 이때 깨달음이란 불교적 의미의 보리(菩提)나 정각(正覺)을 뜻하는 것이 아니라, 일차적으로 모든 괴로움을 다 벗어버리고 생사를 초월하여 전인적으로 '지금·여기'에 몰입하는 경지를 지칭한다.

깨달음을 얻은 자에게는 생사가 없다. 왜냐하면 깨달은 사람은 오직 '지금·여기'만 존재하는데, 생(生, 태어남)은 이미 지나가버린 과거이고, 사(死, 죽음)는 아직 오지 않는 미래의 일이기 때문이다. 생사가 없는데, 그 외에 다른 무엇이 있겠는가.

삶의 모든 번뇌는 '지금·여기'에 집중할 때에만 초탈할 수 있다. 그리고 모든 번뇌를 초탈할 때 우리는 '지금·여기'에 완전히 몰입할 수 있는 것이다. 그리고 깨닫는 자가 될 때 우리의 존재는 시공을 초월하여 아무런 제약이 없는 진정한 자유를 누릴 수 있는 것이다.

물론 깨달음을 얻어 생사를 초월하고, 완전한 최상의 무념·무상·무아의 경지에 오른다는 것은 쉬운 일이 아니다. 명상의 최종 목표는 깨달음을 얻고 무념·무상·무아지경에 도달하는 것이지만, 초보자는 우선 몸과 마음이 편안해지고 정신이 명철해지는 경지부터 오르도록 노력해야 할 것이다.

나는 대학 시절부터 심오한 정신세계에 대한 강렬한 호기심과 공부 및 능력의 길에 대한 구도자적 열망 때문에, 여러 가지 명상법과 정신수련법을 연구하고 수련했다.

이들 수련법 가운데 가장 오래되고 체계적이며 심오한 방법이 단전호흡과 사마타(Samatha, 三昧) 명상법 및 위빠사나(Vipassana) 명상법 등이다.[11]

주체적인 독서법

우리는 신체적 건강을 유지하기 위해 음식을 먹고 운동을 한다. 그러나 아무리 좋은 음식을 먹더라도 적당한 운동을 병행하지 않

---

11) 집중력을 기르는 다양한 방법과 단전호흡 및 여러 가지 정신수련법 등은 제3장 '최고 능력자의 길' 과 제4장 '집중력을 기르는 호흡의 길' 및 제5장 '행복한 삶의 길'에서 구체적으로 다루고 있다.

으면 건강한 생활을 할 수 없다.

신체 건강을 위해 적절한 음식과 운동이 필요하듯이 마음과 영혼을 계발하고 지적인 능력을 높이기 위해서도 '음식과 운동'을 제공해야 한다. 독서가 그것이다. 독서는 정신세계를 더욱 풍요롭고 폭넓게 만들어주는 '음식이자 운동법'이기 때문이다.

지난날 한국교육개발원(KEDI)이 발표한 학업성취도에 대한 연구보고서는 독서의 중요성을 명확히 보여주고 있다. KEDI는 고등학교 1, 2학년을 대상으로 설문조사를 실시해 성적이 뛰어난 학생들의 공부법 다섯 가지 특징을 추려냈다.

① 어려서부터 독서를 좋아했다.

② 자기주도적으로 공부한다.

③ 학원 의존율이 낮고 혼자 공부한다.

④ 공부를 즐거운 마음으로 한다.

⑤ 소설이나 신문 등 무엇이든 읽기를 좋아한다.

한마디로 공부를 잘하려면 글 읽기를 좋아하고 많이 읽어야 한다는 것이다. 누구나 그런 경험이 있겠지만, 나 역시 한창 재미있는 책을 읽고 있을 때는 시간 가는 줄을 몰랐다.

초등학교 5학년 때 학교에 처음 도서실이 생겼는데, 방과 후엔 도서실에서 살다시피 했다. 도서실 문이 닫히면 읽던 책을 들고 나와 달빛 아래서 책을 읽기도 했다.

그 시절 시골에는 책이 귀했기 때문에 먼 곳에 사는 친구 집에 찾아가 책을 빌렸다. 어머니가 장터에서 생선을 싸온 신문지까지 비린내를 참으면서 읽었다. 그렇게 독서를 통해 지식을 얻었고, 꿈을 키우고 인생목표를 설정하였으며, 세상 살아가는 지혜를 얻을 수 있었다.

그렇다면 독서를 어떻게 해야 하는가. 독서법은 매우 중요한 문제다. 그러나 대부분의 사람들은 별다른 생각 없이 그저 책을 읽어 간다. 대충대충 읽기도 하고, 독서 도중 다른 일을 하거나 읽다가 접어두거나 팽개치기도 하고…….

물론 이런 느슨한 독서법이 잘못되었다는 것은 아니다. 하지만 목적지에 도착하는 방법은 다양하지만 이왕이면 그 가운데 최상의 길을 선택하는 것이 바람직하듯, 독서법도 가장 효율적인 방법을 택해야 할 것이다.

특히 공부하는 학생은 물론 어느 누구에게나 효과적인 독서법을 익히고 이를 습관화하는 일은 필요하면서도 유익한 작업이다. 여기서 말하는 독서는 '여가선용'이 아니라, 마음과 영혼을 풍성하게 만들기 위해 시간과 노력을 기울이는 노력과 투자이기 때문이다.

경험을 토대로 연구하고 실천해온 독서법 가운데 나름대로 효과를 누렸다고 생각하는 독서법과 속독법을 소개한다.

첫째, '주체적(主體的)인 독서법'이다. 내가 붙인 이름이다. 간단히 말하면, 독서하는 내가 주인이 되어 적극적인 자세로 독서하는 방법을 말한다.

책을 읽는 일에 무슨 적극적이고 소극적인 방법이 있을까 하고 생각할 수 있을 것이다. 그러나 책을 읽는 자세에서 결코 무시할 수 없는 점은, 독서를 하는 그 사람이 주인이냐 아니면 책이 주인이냐 하는 것이 명확해야 한다는 사실이다.

음식을 먹을 때 내가 주인이 되어 원하는 음식을 골라 먹듯이, 독서 역시 내가 주인이 되어, 즉 나의 머리와 생각과 눈이 주인이 되어 책의 내용을 선택하여 가져온다는 마음자세로 읽어가야 한다.

이런 책읽기가 바로 주체적인 독서법이다. 따라서 주체적인 독서법에서는 자연히 주요한 '문장 중심'으로 읽게 되고, 별 의미 없는 접속어, 조사, 동사 등은 그냥 스쳐가게 된다.

주체적인 독서는 읽는 사람의 의식이 책에서 무엇인가를 얻어 오겠다는 능동적이고 적극적인 자세로 정신을 집중하여 독서를 하는 방식이다.

스스로 책 내용을 재구성해서 받아들이기 때문에 이해력과 암기력이 크게 증진되고 독서하는 것 자체가 즐겁고 창의적인 활동이 된다.

반면 소극적인 독서법에선 책이 주인이 되고 책을 읽는 나는 종속적인 존재에 지나지 않는다. 그렇기에 나의 머리와 생각과 눈은 책에 실린 내용을 그대로 받아들이는 방식이다.

이런 소극적인 독서는 자연히 '단어 중심'으로 읽게 되고, 의미 있는 단어와 의미 없는 접속어, 조사, 동사 사이에 대한 별다른 구별 없이 거의 동등한 비중으로 읽게 된다. 당연히 두뇌활동은 느슨해지고 독서 자체가 그리 즐겁지 않은 경우가 대부분이다.

속독과 정독의 장단점

둘째, 속독법이 그것이다. 독서라는 것은 글자나 단어를 지각(知覺)하는 과정을 통해 거기에 담긴 내용을 이해하는 작업이다. 독서법에는 소리 내서 읽는 음독과 눈으로만 읽는 묵독, 천천히 내용을 음미해가며 읽는 지독(遲讀)과 빠르게 읽는 속독, 정독과 다독(多讀) 등 그 방법이 다양한데, 크게 속독과 정독, 두 가지로 나눌 수 있다.

속독(速讀)은 문장을 빨리 읽어나가는 것을 말한다, 하지만 빨리 읽는다 하더라도 천천히 읽는 것에 비해 이해력이나 기억력이 떨어진다면 이는 시간 낭비에 불과하다. 진정한 의미의 속독은 짧은 시간에 많은 양의 글을 읽고도 잘 이해하고 기억하는 것이다.

속독과 대비되는 용어가 정독(精讀)이다. 정독은 천천히 꼼꼼하게 책을 읽는 방식이다. 흔히 정독을 하면 이해와 기억이 잘되는 것으로 알고 있으나 반드시 그런 것만은 아니다.

글을 천천히 읽으면 문장의 세세한 부분을 음미할 수는 있으나, 전체적인 흐름에 대한 이해도와 집중력을 떨어뜨릴 수 있기 때문이다.

물론 수학이나 과학책을 속독으로 읽는 것은 적당하지 않을 것이다. 이처럼 책의 성격이나 과목에 따라 다소 장단점이 있긴 하겠지만, 보편적으로 속독은 학습능력을 높이는 데 큰 도움을 주는 수단으로 알려져 있다. 학교공부를 잘하는 학생들은 대체로 독서량이 많은 편이고, 대부분 속독으로 책을 읽는다.

속독은 짧은 시간에 많은 양의 공부를 할 수 있고, 빠르게 읽으면서 그 내용을 이해하고 기억하려면 고도의 정신집중이 필요하기 때문에 두뇌의 정보처리능력도 함께 기를 수 있다.

독서는 일종의 두뇌훈련이며, 속독은 단순히 책을 빨리 읽는 행위가 아니라, 빠른 시간에 많은 양의 정보처리를 하는 정신집중 작업이기 때문이다.

독서법에 대한 연구결과에 따르면 한 권의 책을 정독해 한 달에 걸쳐 한 번 읽는 것보다 같은 기간 동안 속독으로 두세 번 읽는 것이 훨씬 더 잘 기억된다고 한다.

나의 경우, 일찍부터 속독으로 길들여졌다. 어릴 적, 책이 귀했던 탓에 남의 책을 빌려 읽는 경우가 많았고, 그러다보니 시간에 쫓기며 빨리 읽는 습관이 자연스럽게 정착됐다.

이런 독서법은 사법시험 공부를 할 때도 마찬가지였다. 보통 법률 서적은 정독하는 것이 원칙이지만, 나는 가정교사 생활 등으로 늘 시간이 부족해 속독으로 공부할 수밖에 없었다.

속독의 기술

속독에도 요령이 있다.

먼저 행간(行間)운동을 없애야 한다. 행간운동이란 가로로 쓰인 글을 읽을 때, 일단 왼쪽에서 오른쪽으로 읽은 후 다시 다음 줄 왼쪽에서 오른쪽으로 읽는 방식을 말한다.

요즘은 보기 드물지만, 지난날 세로쓰기로 제작된 책의 경우라면 오른쪽에서 시작해 아래로 읽은 다음 다시 위로 올라가 밑으로 내려오며 읽는 식이다.

이러한 행간 운동은 비록 아주 찰나에 불과한 짧은 순간이긴 하지만 한 줄의 문장을 읽고 난 후 다시 처음으로 이동하는 시간을 허비하게 된다.

이러한 행간운동을 피하려면 가로로 쓰인 글은 한 줄의 글을 좌에서 우로 읽은 후, 다시 좌로 가서 읽지 않고 바로 우에서 좌로 거꾸로 읽어가야 한다. 세로쓰기로 된 경우는 위에서 밑으로 한 줄을 읽은 다음, 다음 줄을 밑에서 위로 읽어가는 것이다.

다음으로 구절·문장 단위로 읽어나가야 한다. 속독의 가장 큰 걸림돌은 축자(逐字)나 축어(逐語)로 읽는 습관이다. 책을 읽을 때 낱말 하나하나를 빠뜨리지 않고 읽거나(축자읽기) 단어 하나하나에 집중해 읽는(축어읽기) 것이 그것이다.

속독을 하려면, 축자읽기나 축어읽기를 해서는 안 된다. 한 문장을 전체로 읽거나 몇 개의 어절을 한꺼번에 읽어나가는 훈련을 해야 한다.

예를 들면 '내 작은 체구에 걸맞은 옷을 걸치고'라는 문장을 읽을 때, '내', '작은', '체구에' 식으로 단어를 쫓아가며 읽지 말고, '내 작은 체구에 걸맞은 옷을 걸치고'라는 문장 전체를 한눈에 읽어내는 것이다.

그게 힘들다면, 최소한 '내 작은 체구에'와 '걸맞은 옷을 걸치고'라는 두 개의 어절로 나누어 읽어야 한다. 이렇게 두 개의 어절로 나누어 읽는 경우도 '내 작은 체구에'를 읽으면서 극히 짧은 순간이라도 '내'를 먼저 읽고 다음에 '작은' 식으로 읽는 것이 아니라, '내 작은 체구에'를 마치 한 숟가락의 밥을 떠먹듯이 한눈에 하나의 문장으로 읽는 것이다.

예컨대 이런 문장을 읽는다고 한번 가정해보자.

예: 우선 속독을 하면 짧은 시간에 많은 양의 공부를 할 수 있고, 또 속독을 하면서 그 내용을 이해하고 기억하려면 고도의 정신집중이 필요하기 때문에 속독을 통해 정신집중력을 기를 수 있다.

이 문장을 일반적인 방식으로 읽는다면 대체로 이렇게 읽게 될 것이다. (/ 표시는 글을 읽을 때 끊어 읽는 부분이다.)
'우선/ 속독을/ 하면/ 짧은/ 시간에/ 많은/ 양의/ 공부를/ 할 수/ 있고/ 또/ 속독을/ 하면서/ 그 내용을/ 이해하고/ 기억하려면/ 고도의/ 정신집중이/ 필요하기/ 때문에/ 속독을/ 통해/ 정신집중력을/ 기를 수/ 있다'

위 문장을 어절(語節) 단위로 읽는다면 이렇게 끊을 수 있다.
'우선 속독을 하면/ 짧은 시간에/ 많은 양의/ 공부를 할 수 있고/ 또 속독을 하면서/ 그 내용을 이해하고 기억하려면/ 고도의 정신집중이 필요하기 때문에/ 속독을 통해/ 정신집중력을 기를 수 있다'
문장(文章) 단위로 읽는다면 이렇게 변할 것이다.

'우선 속독을 하면 짧은 시간에 많은 양의 공부를 할 수 있고/ 또 속독을 하면서 그 내용을 이해하고 기억하려면/ 고도의 정신집중이 필요하기 때문에 /속독을 통해 정신집중력을 기를 수 있다'

대부분의 경우, 어떤 글을 읽을 때 어절이나 문장 단위로 읽지 않고 글자 혹은 단어 단위로 마치 원고를 교정하듯이 읽는데, 이것은 아주 비효율적인 독서습관이다.

물론 그 책이 국어책인지 과학책인지, 소설책인지 시집인지에 따라서 속독의 정도나 읽는 방식은 달라질 수 있을 것이다. 하지만 그 내용이 어떻든 기본적으로는 가능하면 속독하고, 문장 단위로 읽는 것이 필요한 것이다.

속독을 하면 주제어(主題語) 중심으로 독서를 하는 습관도 길러진다. 즉, 속독과 구절 또는 문장 단위의 독서를 하면 모든 글자를 평면적으로 같은 가치를 두고 읽는 것이 아니라, 의미 있는 주제어에 초점을 맞춰서 읽게 된다. 별 의미 없는 '접속어, 조사, 동사' 등은 그냥 스쳐가는 것이다.

그리고 이런 독서법이 습관화되면 자기가 의식하지 않아도 주의력이 주제어에 쏠리게 되고, 주제어 중에서도 그 중요도에 따라 주의력이나 이를 인식하겠다는 의지가 서로 달라진다.

위 문장으로 다시 예를 들어보자.

'-속독-짧(은)   시간-많(은)   양-공부-속독-이해-기억-정신집
중-필요(하기)-정신집중력-기를-'

이처럼 주요 단어에만 집중하게 되며, ( ) 안의 조사나 동사 등에
는 상대적으로 약한 주의력을 쏟게 된다.

그 밖에도 속독을 하기 위해서는 한눈에 문장을 한 무더기로 읽
는 훈련도 필요하다. 보통 우리가 글을 읽을 때 문장을 따라 눈동
자를 행의 오른쪽에서 왼쪽으로 움직이면서 읽는데, 속독이 어느
정도 익숙해지면 눈동자를 행의 중간쯤에 놓고 한 줄의 문장을 한
눈에 읽으면서 그대로 밑으로 내려가는 것이 가능해진다.

그 다음 단계는 몇 줄을 한 번에 읽는 방식이다. 책을 읽을 때 한
줄씩 읽어가는 것이 보편적이지만, 어느 정도 속독법이 심화되면
한꺼번에 두 줄 내지 세 줄씩 읽는 것도 가능해진다.

책의 내용에 따라서는 이러한 독서법이 불가능한 경우도 있겠으
나, 대부분의 책들은 이러한 방법으로 읽는 것만으로 충분하고 또
그렇게 읽는 것이 가능하다.

제3장

최고
능력자의 길

'지금·여기'에 전인적으로 100% 집중할 때,
우리는 무아지경의 상태에서 최상의 능력을 발휘할 수 있다.
이런 상태에서는 하고 있는 공부나 일이 힘들거나 지루하거나
하기 싫다는 등의 감정 자체가 일어나지 않는다.
그러나, '지금·여기'에 100% 집중할 수 있는 능력은
쉽게 얻어지는 것은 아니다.
매 순간마다 '지금·여기'에 100% 집중할 수 있는 능력을
수련하고 습관화하면 공부나 일 등 무슨 일을 하던 간에
최상의 능력을 발휘할 수 있게 된다.
'지금·여기'에 100% 집중할 수 있는 사람은 위대하다.

– 본문 중에서

3 / 최고 능력자의 길

스승과 제자

도(道)가 높은 스승 밑에서 공부하는 젊은 제자가 있었다. 세상의 온갖 번뇌와 미망(迷妄)에서 벗어나 높고 지극한 도를 깨닫기 위해 제자는 밤낮을 잊은 채 도를 닦고 또 닦았다.

그날도 제자는 하루 종일 도를 닦기 위해 단전호흡을 하고 기도를 하였고, 잡힐 듯 잡히지 않는 깨달음의 갈증에 몸부림치다가 저녁밥을 먹기 위해 밥상 앞에 앉았다. 수저를 든 채 깨달음을 향한 열망에 사로잡혀 고민하던 제자는 문득 묵묵히 식사를 맛있게 하는 스승에게 물었다.

"스승님, 깨달음은 무엇이며, 어떻게 해야 깨달음을 얻을 수 있을까요?"

그 물음이 떨어지자마자 스승은 냅다 들고 있던 숟가락을 내던

지면서 크게 꾸짖었다.

"너는 아무리 노력해도 도를 깨달을 수 없다. 밥 하나 제대로 먹지 못하는 놈이 어떻게 도를 깨달을 수 있겠는가!"

길을 가던 노승(老僧)과 젊은 제자가 개울을 만났다. 한 젊은 여자가 장마로 불어난 물길 때문에 개울을 건너지 못하고 어쩔 줄 모르고 있었다. 그런데 그 모습을 본 노스님이 대뜸 등을 척 내밀더니, 그 여인을 덥석 업어 개울을 건네주는 것이 아닌가. 그러곤 아무 일도 없었다는 듯 갈 길을 재촉했다.

스승의 뒤를 따라가는 제자의 머릿속은 온갖 상념이 들끓기 시작했다. 감사의 인사를 하던 아리따운 여인의 모습이 잠시 떠올랐고, 평소 하늘처럼 모시던 스승이 여인의 미색에 혹해 젊고 힘센 자기를 시키지 않고 직접 여인네를 업어 건네준 것 같은 생각이 들기도 했다. 한참 길을 가던 제자는 마침내 스승에게 물었다.

"스승님도 여인의 미색에 흔들리십니까?"

"그게 무슨 소리냐?"

"저에겐 늘 여색을 멀리하라고 하시면서, 아까 개울가에서 그 여인을 직접 업어 건네주신 것은 뭡니까?"

스승은 제자를 쳐다보며 단호한 목소리로 크게 꾸짖었다.

"너는 그래서 여색을 가까이 하면 안 된다. 나는 곤란을 겪는 여인에게 잠깐 도움을 주었을 뿐이고, 이제는 그 일조차 잊었는데, 너는 아직도 그 여인을 등에 업고 있으니 말이다!"

'현재'에 충실하라

첫 번째 이야기에서 스승은 왜 제자를 밥도 제대로 먹지 못한다고 꾸짖은 것일까. 스승은 '지금 이 순간'에 온 정신을 집중하여 충실하라고 가르치고 있는 것이다. 지금 눈앞에 벌어지고 있는 일에 집중하고 몰입하라는 것이다.

밥을 먹을 때는 오직 밥 먹는 일에만 전념하고 일체의 다른 잡념이 개입해서는 안 된다. 밥과 반찬을 입에 넣은 다음에는 정성스레 밥알을 씹으면서, 다른 생각은 하지 않고 오직 밥알과 반찬이 잇몸과 혀에 닿는 감촉을 느끼고 음식의 맛만을 음미하는 것이다. 씹은 음식을 삼킬 때는 그 음식이 목구멍을 타고 넘어가는 감촉을 느끼는 것이다.

밥을 먹는 그 순간에는 그동안 목숨 걸고 수행해온 도나 진리나 참선 등 다른 어떤 것도 생각해서는 안 되고, 밥 먹기 직전의 온갖 일들, 기분 좋은 일, 다툰 일, 읽은 책의 내용 등을 기억해서도 안 되며, 밥 먹은 후에 할 일, 누구를 만나는 일 등에 대해서도 생각해서는 안 되는 것이다.

오직 밥 먹는 일, 그 자체에만 정신과 관심을 집중하여 우리의 존재가 밥 먹는 행위 그 자체가 되어야 하는 것이다.

그런데 제자는 '지금' 밥을 먹으면서 '과거'에 했던 도를 닦는 일에 매달려 밥맛을 모르고 온갖 고뇌에 사로잡혀 얼굴을 찡그리며 밥을 먹은 것이다. 그야말로 온 마음을 다해 맛있게 먹어야 할 밥을 '제대로' 먹지 못한 것이다.

두 번째 경우도 마찬가지다.

스승은 물을 건너지 못하는 사람이 안쓰러워 개울을 건네주었을 뿐 그 사람이 남자인지, 여자인지, 용모가 어떠한지 등에 관해서는 관심 자체가 없었다. 무엇보다도 여인을 업어서 건네준 '과거'의 사실 자체를 잊어버리고 있었다.

스승은 오로지 '지금' 느껴지는 발바닥의 감촉, 내리쬐는 햇빛, 볼을 스치는 상쾌한 바람을 느끼면서 그냥 걷고 있었다. 그런데 제자는 엉뚱하게도 이미 저만치 지나가버린 일, 즉 스승의 등 뒤에 업혀 있던 젊은 여인의 모습, 스승도 여색에 혹하여 직접 업어서 강을 건너도록 한 것이 아닌가 하는 등 '의미 없는 과거'에 매달려 '살아 있는 지금'을 망각하고 있었던 것이다.

위의 두 가지 이야기는, 왜 많은 사람들이 진리이자 생명인 '지금·여기'에서 벗어나 부질없는 과거나 미래의 허상에 얽매여 헛된 삶을 살고 있는가 하는 점을 여실히 깨닫게 해준다.

'지금·여기'의 의미

밥을 먹을 때는 밥을 먹는 일에 충실하고, 어떤 일을 할 때는 그 일에만 집중하는 것이 '살아 있는 삶' 그 자체다. 즉, '지금·여기'에 충실하고 전념하는 것이다.

'지금·여기'만이 나의 영혼과 정신과 마음과 신체를 전인적(全人的)으로 대면하고 있는 인간 존재의 의미이고, 우리가 추구하는 진리와 행복 등 삶과 생명 그 자체이다.

'지금·여기'가 아닌, 바로 1초 전에 흘러간 시간은 무엇인가. 이미 지나가버린 과거일 뿐이다. 사라져버린 것이고, 죽은 것이고, 부질없는 잔해이고, 이미 흘러가서 기억에만 희미하게 남아 있는 형체 없는 그림자다.

'지금·여기'가 아닌, 앞으로 1초 후에 다가올 미래는 무엇인가? 아직 오지 않은, 앞으로 다가올 희미한 안개일 뿐이다. 내 앞에 나타날지 나타나지 않을지조차 불확실하며, 안갯속의 불빛처럼 희미한 환상이고 거품이다.

'지금·여기'는 1초 전에 흘러가버린 과거도 아니고, 1초 후에 다가올 미래도 아니다. '지금·여기'는 찰나이자 영원이며, 치열한 삶의 현장이고 나의 전부를 100% 쏟아부어야 할 대상 그 자체이다.

불가(佛家)에서는 이를 가리켜 '현재, 바로 눈앞'이라는 뜻의 현전(現前)이라고 표현한다. 그리고 불교 경전인 『금강경』에도 '과거심불가득 현재심불가득 미래심불가득(過去心不可得 現在心不可得 未來心不可得)'이란 구절[1]이 나오는데, 그만큼 '지금·여기'의 중요성을 강조한 것이다.

따라서 눈앞에 엄연하고도 맹렬하게 살아 숨 쉬는 '지금·여기'에 완전히 몰입하지 못하면 귀중한 삶의 순간을 허비하는 것이 되고 만다. 비록 1초 전이라도 이미 흘러가버린 과거에 얽매여 있거나 혹은 희미한 안개에 불과한 미래에 연연해서는 안 된다는 것이다.

그런 태도는 흠이 되고 부정적인 습관이 되어 나 자신의 능력을 제한하는 요소로 잠재의식 속에 하나하나 쌓여간다. 이런 부정적인 요소들이 쌓이고 쌓이면 결국 우리의 삶을 칠흑 같은 어둠의 심연에 가두어버리는 거대한 족쇄로 변하는 것이다.

---

1) 『금강반야바라밀경』 일체동관분(一切同觀分) 제18

최고 능력자가 되는 길

'지금·여기'에 집중하는 자만이 최고의 능력자가 될 수 있다. 그 이외에 다른 어떤 길도 없다. 인간 능력의 크기는 얼마나 '지금·여기'에 집중할 수 있는가에 전적으로 달려 있다고 해도 과언이 아니다.

'지금·여기'에 전인적으로 100% 집중할 때, 우리는 무아지경의 상태에서 최상의 능력을 발휘할 수 있다. 이런 상태에서는 하고 있는 공부나 일이 힘들거나 지루하거나 하기 싫다는 등의 감정 자체가 일어나지 않는다. 그러나, '지금·여기'에 100% 집중할 수 있는 능력은 쉽게 얻어지는 것은 아니다. 매 순간마다 '지금·여기'에 100% 집중할 수 있는 능력을 수련하고 습관화하면 공부나 일 등 무슨 일을 하던 간에 최상의 능력을 발휘할 수 있게 된다.

'지금·여기'에 100% 집중할 수 있는 사람은 위대하다.

'지금'의 순간에 집중하지 못하는 사람이 어떻게 다음 순간에 집중할 수 있겠는가? '여기'에 집중하지 못하는 사람이 어떻게 다음 일에 집중할 수 있겠는가?

지난 일의 잘잘못을 헤아리면서 만족해하거나 후회하는 것은 전인적(全人的)²⁾으로 '지금·여기'에 몰입하지 못하고 있는 것에 다름

---

2) 몸과 마음, 영혼이 일체화됨을 의미하는 필자의 표현.

아니다. 생각이 어제(과거)에 가 있는 것이다.

장래의 무엇을 계획하고 희망하면서 어떻게 하겠다고 다짐하는 것 또한 '지금·여기'에 몰입하지 못하고 있다는 증좌다. 생각이 내일(미래)에 가 있는 것이기 때문이다.

즉, 생각이 어제 또는 내일에 가 있거나 어제 또는 내일에 매달려 있는 것은, 곧 유일한 진리이자 생명의 순간인 '지금·여기'에서 벗어나 있음을 뜻한다. 그리고 '지금·여기'에 몰입해 있지 않는 한, 그것은 곧 삶의 귀중한 순간을 낭비하고 있을 뿐이다.

비록 시간적으로 아무리 근접한 시점이라 하더라도 과거는 과거고 미래는 미래다. 공간적으로 아무리 근접한 지점이라도 여기는 여기고, 저기는 저기인 것이다. '지금'과 과거, 그리고 미래는 결코 한 순간도 같이 공존할 수 없다. '여기'와 저기는 결코 한 지점도 공유할 수 없는 것이다.

능력의 극대화

현대의학의 연구결과, '지금·여기'에 전인적으로 집중할 때 정신과 신체를 활성화시키는 호르몬이 분비된다는 사실이 밝혀졌다. 즉, 단전호흡이나 명상 혹은 어떤 일에 집중할 때면 정신능력을 높이고 심리상태를 편안하게 하는 엔도르핀·도파민·세로토닌과 같은 양질의 호르몬 분비가 촉진된다.

반대로 우리가 '지금·여기'에 집중하지 못하고 정신이 산만해지면, 무기력상태에 빠지게 되고 원활한 혈액의 흐름을 방해하여 고혈압, 동맥경화를 유발하는 아드레날린과 노르아드레날린 같은 호르몬이 분비된다고 한다.

뇌파 역시 '지금·여기'에 최고로 집중할 때, 최고의 능력을 발휘할 수 있는 상태가 된다. 집중의 정도가 강하고 깊을수록 정신상태가 맑아지고 활동적이 되며, 편안한 느낌과 긍정적인 상태가 된다는 사실이 과학적으로 검증되었다.[3]

'지금·여기'에 전인적으로 100% 집중할 때, 우리는 무아지경의 상태에서 최상의 능력을 발휘할 수 있다. 이런 상태에서는 하고 있는 공부나 일이 힘들거나 지루하거나 하기 싫다는 등의 감정 자체가 일어나지 않는다.

정신은 지극히 평온하고 온몸이 나른할 정도로 힘이 빠진 상태가 되고, 그러면서도 온몸에 상쾌한 기운이 가득 찬 것처럼 느껴지고 시간의 흐름을 느끼지 못할 정도로 몰입하게 된다. 그리고 이런

---

3) 미하이 칙센트미하이, 이희재 옮김, 앞의 책, 88쪽.

상태에서 일을 할 때 능률적이 되고 창의력이 넘치게 되는 것이다.

공부나 일은 억지로 하는 사람보다는 좋아서 하는 사람이 훨씬 잘할 수 있고, 좋아서 하는 사람보다는 미쳐서 하는 사람이 더 잘할 수 있는 것이다.

어느 분야에서든지 성공한 사람은 그 일 자체를 즐거운 마음으로 자발적으로 하는 사람이다. 우리는 여기서 더 나아가 '그 일을 하고 싶어서 미치겠다'는 마음으로 해야 한다.

인간은 누구에게나 유전인자와 나쁜 습관 등으로 형성된 부정적이고 어두운 품성을 갖고 있다고 한다. 빈둥거리며 놀기 좋아하고, 시기심·거짓말·탐욕·분노·어리석음·음행(淫行) 등 누구에게나 정도의 차이는 있지만, 존재하는 본능적인 요소들이 그것이다.

하지만 '지금·여기'에 집중하면 태생적으로 타고난 각종 어둡고 부정적인 유전인자로부터, 불완전한 인간으로서 갖는 온갖 욕망과 번뇌로부터, 오랜 잘못된 습관과 흔적의 쇠사슬로부터 벗어날 수 있다.

인간이 보편적으로 지니고 있는 부정적 한계를 벗어나 무한한 능력과 행복을 느끼는, 그야말로 우주적인 자유인이 될 수 있는 것이다.

능력 있고 인품이 훌륭한 사람이 되고 행복한 생활을 하기를 원하지 않는 사람은 아무도 없다. 우리는 보다 나은 나 자신이 되기를 간절히 갈망한다. 담배를 피우는 사람은 담배를 끊기를 원하고, 도박꾼도 도박을 하지 않기를 바라며, 게으른 사람도 부지런한 사람이 되기를 원한다.

그런데 왜 우리는 원하는 바대로 되지 못하고, 원치 않는 일을 하게 되는 것일까. 오죽했으면 기독교의 위대한 사도인 바울 같은 사람도 '오호라 나는 곤고한 사람이로다! 누가 나를 이 음침한 사망의 골짜기에서 구원하랴!(로마서 7장 24절)'라고 절규하였겠는가.

'지금·여기'에 집중하라

음식을 먹을 때는 음식의 맛 그 자체가 되어보자. 물을 마실 때는 물의 맛 그 자체가 되어보자. 그리하여 그대 전체가 그 맛으로 가득 차게 해보자…….

물을 마실 때 물의 그 차가움을 느껴보자. 자, 두 눈을 감고 천천히 물을 마셔보자. 물맛을 느껴보자. 물의 그 차가움을 느껴보자. 차가움 그 자체가 되어보자. 물의 그 차가움이 그대 몸의 한 부분이 되게 해보자.

물의 차가움이 혓바닥에 닿는다. 입에 닿는다. 그 차가움이 그대의 전신에 퍼진다. 전신으로 이 차가움을 느껴보자. 이렇게 하면 그대의 본래의 예민한 감각은 새로운 차원으로 거듭날 것이다. 아울러 그대는 보다 생기에 차고 보다 충만해질 것이다.[4]

지금 세수를 하고 있는가!

수도꼭지에서 흘러내리는 물줄기가 손바닥에 떨어지는 감촉을 느끼고 의식해보자. 손바닥의 물이 얼굴과 목덜미를 스치는 감촉을 느끼고 의식해보자.

이어 얼굴을 닦으면서 포근한 수건의 결이 살아 숨쉬는 얼굴의 세포를 닦아 내려가는 것을 느끼고 의식해보자. 거울 앞에 비친 그대의 얼굴이 환하게 피어나는 것을 느끼고 의식해보자.

지금 칫솔질을 하고 있는가!

거친 칫솔이 이와 잇몸을 문지르는 감각을 느끼고 의식해보자. 칫솔이 딱딱한 치아를 스치는 감각을 느끼고 의식해보자.

지금 밥을 먹고 있는가!

밥알과 반찬을 천천히 씹으면서 그것이 입안을 스치고, 혀에 전해 오는 미묘한 맛을 느끼고 의식해보자. 음식물을 삼킬 때 목구멍을 타고 내려가는 음식물의 감촉을 느껴보자. 밥을 먹을 때는 오직 자신이 먹는 일 그 자체가 되어 먹는 일에만 전념해보자.

---

4) B. S. 라즈니쉬, 석지현 옮김, 『명상비법』, 일지사, 1981, 287쪽.

지금 축구를 하고 있는가!

그대는 움직이는 공을 향해 마치 굶주린 늑대가 먹이를 노리듯 돌진한다. 그 순간은 그대의 영혼과 마음과 신체가 전인적으로 온전히 일체가 되어 오직 축구를 하는 일에만 전념하게 된다.

이렇게 축구와 일체가 되어 있을 때 그 순간이야말로 그대는 바로 천국에 있는 것이고, 영생을 살고 있는 것이며, 지고지순한 완전한 인간이 되어 있는 것이다.

축구를 하고 있는 중에 단 한순간이라도 지난번 축구시합에서 그대가 공을 넣었던 순간을 떠올리거나, 단 한순간이라도 시합이 끝난 후 사랑하는 애인과 데이트할 것을 떠올리거나, 단 한순간이라도 응원단의 함성에 정신이 흔들린다면 바로 그 순간 그대는 집중에서 산만으로, 합일에서 분열로, 천국에서 지옥으로, 무아지경에서 심리적 갈등으로, 참된 나에서 거짓된 나로, 완전한 능력에서 불완전한 무능으로 바뀌고 마는 것이다.

지금 봄날의 들길을 걷고 있는가!

아스라이 펼쳐진 들판에 아지랑이 아른거리고, 긴 겨울에서 깨어난 생명들이 삶의 욕망에 꿈틀거리는 감각을 느끼고 의식해보자. 논둑에 온갖 풀들이 파란 새싹을 돋게 하고 발바닥의 흙조차도 따스한 지열에 움찔거리는 감각을 느끼고 의식해보자.

지금 가을 길을 걷고 있는가!

길가에 핀 가을꽃들의 아련한 아름다움과 그 향기를 느끼고 의식해보자. 볼을 스치는 한 줄기 서늘한 바람과 이마에 와 닿는 햇빛의 따스함을 느끼고 의식해보자. 산과 들에 가득한 결실의 풍요로움을 느끼고 의식하며 그 성숙과 결실과 일체가 되어보자.

지금 늦가을 억새풀이 너울거리는 산길을 걷고 있는가!

그 생명의 쇠락과 아픔을 느끼고 의식해보자. 동시에 매서운 겨울의 추위를 이기기 위해 여름의 풍성함과 가을의 결실을 다 내려놓고, 최소한의 삶에 필요한 것만을 남긴 채 의연하게 서 있는 생명체들의 겸손함을 느끼고 의식해보자.

잎사귀를 모두 떨어뜨리고 메마른 가죽만을 단단히 움츠리고 있는 나무들, 땅속의 온기를 찾아 숨어버린 그 많은 생명체들, 마른 소리를 내며 훌쩍되는 억새꽃의 처량함을 느끼고 의식해보자.

찬바람에 너울대는 나뭇잎과 풀잎들의 겸손함과 따뜻한 연민을 느끼고 의식해보자. 자연의 냉엄한 섭리에 순응하면서도 굳건히 내일의 새로운 생명의 부활을 약속하는 메마른 나뭇가지들의 내밀한 음성을 느끼고 의식해보자.

지금 공부를 하고 있는가!

그대의 영혼·마음·신체가 온전히 일체가 되어, 최상의 정신집중 상태에서 어린아이 같은 호기심으로 책을 읽거나 강의를 듣는 것을 열망해보자.

공부하고 있는 자신의 존재까지도 망각하고, 공부 그 자체가 되어보자. 자기 자신이 공부와 일체가 되고, 하고 있는 공부가 자기 자신이 되게 해보자.

이렇게 공부할 때, 그대는 최상의 정신집중 상태에서 시간의 흐름을 망각하고 공부에 몰입하게 된다. 공부하는 것 자체가 마치 물이 흐르듯이 아무런 힘도 들지 않는 쉬운 일로 느껴진다. 공부하고 있는 동안 정신과 신체는 극도의 지열함 속에서도 평안한 상태에 놓이게 되는 것이다.

그 결과 고도의 학습능력을 발휘하게 되고, 이러한 공부태도를 계속하면 그러한 태도가 바로 그대의 성향과 습관이 되어 집중하여 공부하는 사람, 공부 잘하는 사람이 되는 것이다.

이와 반대로, 공부할 때 자신이 공부 그 자체가 되지 못하고 공부가 대상으로 존재하면 그대와 공부 사이에 간격이 생긴다. 그리고 그 사이에 오만 가지 장애와 비능률적인 요소가 끼어든다.

공부를 하기 싫다는 감정, 나중에 해야 하겠다는 게으른 마음, 공부가 재미없다거나 어렵다는 생각 등이 죽 끓듯이 일어난다. 자연히 공부에 대한 흥미가 줄어들고, 정신집중이 되지 않으며, 공부해야 한다는 의무감과 공부하기 싫다는 감정이 서로 갈등하고 싸우게 된다.

그러한 갈등과 스트레스로 인해 심신이 지치고, 의욕을 상실하며, 정신적 혼란이 일어나 자연히 학습효과는 추락하게 된다. 이러한 부정적인 상태가 반복되면 우리의 무의식에는 부정적인 성향이 강력한 트라우마가 되어 결국 공부를 하기 싫어하는 성격이 형성되고 마는 것이다.

지금 사무를 보고 있는가!

그대는 영혼·마음·신체가 온전히 일체가 되어 최상의 정신집중 상태에서 어린아이 같은 호기심으로 사무를 보기를 열망해보자. 사무를 보고 있는 자신의 존재까지도 망각하고, 사무 그 자체가 되어보자.

자기 자신이 사무와 일체가 되고, 하고 있는 사무가 자기 자신이 될 것이다. 이렇게 사무를 처리할 때 그대는 최상의 정신집중 상태에서 시간의 흐름을 망각하고 사무에 몰입하게 된다. 사무를 처리하는 것 자체가 마치 물이 흐르듯이 아무런 힘도 들지 않는 쉬운 일이 되는 것이다.

사무를 처리하고 있는 동안 정신과 신체는 극도의 치열함 속에서 평안한 상태에 놓인다. 그 결과 고도의 업무처리 능력을 발휘하게 되고, 이러한 업무태도를 계속하면 그러한 태도가 바로 자신의 성향과 습관이 되어 집중하여 일하는 사람, 일 잘하는 사람으로 인정받게 된다.

그렇다. '지금·여기'가 언제이든 혹은 무엇이든 간에 거기에 단 한 치의 어긋남이 없이 100% 전인적으로 집중할 때 그 순간이 불멸이고 영원이며, 그 자리가 천국이고, 그것이 지고지순하고도 완벽한 완성이다. 거기엔 어떤 두려움이나 걱정·근심이나 성공이나 실패나 심지어 죽음까지도 존재하지 않는다.

반대로 그대가 '지금·여기'와 단 한 치의 어긋남이 생길 때 그것이 바로 고통이고, 슬픔이며, 괴로움이고, 공포이며, 죽음이고, 지옥인 것이다.

어긋남이 일어나는 순간, 그대는 '지금·여기'에 100% 집중하지 못하고 있는 것이고, 합일의 지고지순한 순간을 잃어버린 것이며, 영원과 불멸의 삶을 희생시킨 것이고, 참된 진리의 순간을 놓치고 있는 것이다.

항상 깨어 있기

인천지방법원 판사로 재직중이던 1981년경 우연히 크리슈나무르티[5]의 『자기로부터의 혁명』이라는 책을 읽었다. 이 책을 통해 인

---

5) 지두 크리슈나무르티(Jiddu Krishnamurti, 1895~1986): 인도의 철학자.

간의 사고편향에 대해 깊이 생각하게 됐고, 이후 대상을 있는 그대로 볼 수 있는 안목을 갖추기 위해 노력하게 되었다.

이 책의 요지는 모든 선입견이나 경험, 의도나 목적을 떠나 그야말로 순수하고 예민하게 깨어 있는 의식으로, '있는 것을 있는 그대로 보라'는 것이다.

우리가 모든 선입견과 의지적 작용을 배제하고, 그저 물끄러미 대상—그 대상은 우리 자신의 내면일 수도 있고, 다른 사람일 수도 있으며, 바람에 흔들리는 나뭇잎이나 빗줄기 등 모든 현상일 수 있다—을 바라보고 있을 때 불현듯 세상이 텅 빈 것 같은 고요를 느끼게 되고, 동시에 마음이 정지된 것 같은 침착성을 느끼게 된다.

그리고 그때 우리의 정신은 이른바 '창조적 공허상태'에서 순수하고 예민하게 깨어 있는 상태가 되어 대상을 있는 그대로 볼 수 있게 된다는 것이다.

나는 크리슈나무르티가 주장하는 창조적 공허상태에서의 진리를 볼 수 있는 정신적 경지를 직접 체험해보기로 했다. 모든 사물을 그 어떤 선입견이나 목적의식 없이 있는 그대로의 모습을 보는 연습을 해보기로 한 것이다.

나는 집에서 법원까지 출퇴근하는 길에서 있는 그대로 보기 위한 연습을 실천하기 시작했다. 당시 집에서 법원까지는 걸어서 10여 분 거리였는데, 걸어가는 동안 길가에 있는 가로수의 잎을 주의 깊게 살펴보기 시작했다.

한 시간 전에 보았던 사과가 지금 보는 사과와 같을 수 없듯이 무심코 지나쳐버린 가로수의 잎이 순간순간 바뀔 수밖에 없는 것일 텐데, 그동안 나는 가로수는 가로수일 뿐이라는 '고정관념'에 갇혀 가로수의 변화에 대해 알려고 하지 않았고 관심조차 기울이지 않았다.

그런데 하루하루 시시각각 변화하는 가로수를 주의 깊게 관찰하면서 그 변화를 인식하기 위해 노력하기 시작하자 비록 미세한 변화까지 감지하기는 어려웠지만 무상(無常)한 변화를 느낄 수 있었다. 이러한 관찰 태도는 그 후의 나의 삶에서 자연을 보는 눈이나 사고의 틀을 새롭게 하는 계기로 작용했다.

어린아이는 어른에 비해 30배 이상의 인지능력을 갖고 있다고 한다. 왜냐하면 어린아이는 '강렬한 호기심'과 '예민하게 깨어 있는 정신' 상태에서 대상을 대면하고, 또 아무런 편견 없이 순수한 시각으로 대상을 보기 때문이다.

어린아이에게는 이 세상의 모든 것이 신기하고 호기심의 대상이다. 어린아이에게는 사과는 붉고 둥글다는 개념이 고착되어 있지 않기 때문에 사과를 여러 차례 보여줘도 마치 세상에 태어나 처음 본 것처럼 새롭게 인식하고 강렬한 호기심으로 보는 것이다.

이렇게 어린아이는 모든 대상에 대하여 강렬한 호기심을 가지고 있기 때문에 사물에 대한 인지능력이 사고의 틀이 고착된 어른에 비해 수십 배 높은 것이다. 이렇게 대상에 대한 강렬한 호기심과 뜨거운 열정을 가질 때, 대상에 대한 진실과 지식 등 모든 것을 정확히 알게 되는 것이다.

반면, 어른은 사과를 볼 때 사과는 붉고 둥글다고 생각한다. 모든 사과는 붉고 둥근 것으로 인정하고 그 이상에 대해 더 알아보려고 하는 관심 자체도 가지지 않는다. 바로 이러한 사고(思考)야말로 스스로의 사고능력을 제한하고 인지능력의 발전을 방해하는 폐단이다.

엄밀히 따져보면 이 세상에 같은 사과는 단 한 개도 없다. 모든 사과가 서로 크기가 다르고 맛이 다르고 색깔이 다르고 생김새가 다르다. 하나의 똑같은 사과라고 하더라도 한 시간 전에 본 사과와 지금 보고 있는 사과는 분명히 다르다.

한 시간이 흐르는 동안 사과의 신선도가 변했고, 색깔이나 맛이 변하였으며, 사과의 모양을 볼 수 있게 하는 빛의 강도나 열기가 달라졌으므로 사과는 다르게 보일 수밖에 없는 것이다.

마치 어린아이의 경우처럼 우리가 '지금·여기'에 100% 몰입하기 위해서는 일단 의식이 순수해야 하고, 예민하게 깨어 있어야 한다. 그래야 대상의 미세한 변화도 놓치지 않을 수 있기 때문이다.

결국 참된 진리는 우리가 전인적으로 예민하면서도 치열하게 깨어 있을 때에만 느낄 수 있고, 볼 수 있고, 알 수 있는 것이다. 그리고 우리가 전인적으로 예민하면서도 치열하게 깨어 있으면 늘 절대의 정적 속에 잠기게 된다.

'몰입'의 당위성

이제 우리는 어디서 무엇을 하든 간에 '지금·여기'에만 자신의 모든 것을 몰입시켜야 한다.

호흡을 할 때는 내쉬고 들이쉬는 호흡 하나하나에 100% 집중한다. 오로지 이 순간에는 호흡하는 것만이 나의 전부고, 이 세상에서 더 이상 가치 있는 일이 없는, 최고로 중요한 일이라고 느끼고 의식한다. 나의 모든 것이 호흡하는 행위 자체가 되어 그것 속으로 들어가서 그것에 녹여져야 한다.

세수를 할 때는 세수하는 동작 하나하나에만 100% 집중하면서 오로지 이 순간에는 세수하는 것만이 나의 전부이고, 이 세상에서 더 이상 가치 있는 일이 없는 최고로 중요한 일이라고 느끼고 의식해야 한다.

세숫물이 손과 얼굴에 닿는 느낌, 비누의 매끄러운 감각, 비누거품이 뿜어내는 향기 등 그 어느 것 하나도 놓치지 말아야 한다. 나의 모든 것이 세수하는 행위 그 자체가 되어 그것 속으로 들어가서 그것에 녹여져야 한다.

걸을 때는 걷는 동작 하나하나에만 100% 집중하면서, 오로지 이 순간에는 걷는 것만이 나의 전부이고, 이 세상에서 더 이상 가치 있는 일이 없는 최고로 중요한 일이라고 의식해야 한다. 나의 모든 것이 걷는 행위 자체가 되어 그것 속으로 들어가서 그것에 녹여져야 한다.

마찬가지로, 공부나 일을 할 때도 자신이 공부나 일 그 자체가 되어야 한다. 그리고 그러한 상태에 있을 때 시간의 흐름을 망각하게 되고, 공부나 일이 힘들다거나 하기 싫다는 등의 감정 자체가 아예 일어나지 않게 된다.

삶에서 중요한 것은 자각하고 느끼는 행위이다. 아무리 의미 있고 중요하고 가치 있는 일이라 하더라도 심지어 자신의 생사가 걸렸거나 운명을 바꾸는 결정적인 순간이라 하더라도 삶의 주체인 내가 그것을 자각하지 못한다면 그것은 스쳐가는 바람이나 거리의 소음에 지나지 않는 것이다.

횡단보도를 건너고 있는데 신호를 무시하고 자동차가 달려온다. 그 순간 황단보도를 건너는 일에 충실한 사람은 오가는 차들을 살피고 있어 사고를 피할 수 있지만, 음악을 듣거나 휴대전화로 통화를 하는 등 다른 일을 하던 사람은 사고를 당할 수밖에 없게 된다.

이렇게 깨어 있음과 그렇지 못함은 백지장 한 장의 차이지만 그 결과는 생사의 갈림길을 좌우하는 것이다.

삶의 모든 순간과 행위의 대상이 몸과 마음, 영혼을 100% 집중할 필요가 있을 정도로 의미를 가진 것일까. 이런 질문에 대해 '늘 그런 것은 아닐 것이다'라고 생각할 수도 있을 것이다.

하지만 여기서 중요한 것은, 삶에서 어떤 것은 중요하고 어떤 것은 중요하지 않다는 그 판단 자체가 잘못이라는 점이다. 중요한 일이거나 그렇지 않다는 것에 대한 평가 자체가 애매모호하고 상황에 따라 가변적이며, 대체로 주관적인 판단이기 때문이다.

뿐만 아니라, 중요한 일이나 그렇지 않는 일이나 그 일을 하는 순간은 모두 생명의 순간이고, 그 시간은 한 번 흘러가면 다시는 돌아오지 않는 참으로 소중한 것이라는 사실을 간과해서는 안 된다.

세상에는 우리가 함부로 대하고 별 의식 없이 지나쳐도 좋은 사소하거나 의미 없는 일은 없다. 모든 것은 끊임없이 나에게 영향을 주는 것이고, 끝내는 나(자기)라는 소우주의 본질을 좌우하는 것이다.

모든 것은 우리의 유한한 생명력을 불살라 사랑하고 포용하고 추구해야 할 대상인 까닭이다. 이런 당위성 때문에 능력자로서 참 삶을 살고자 한다면 어느 순간 어떤 경우에도 '지금·여기'에 전인적으로 몰입해야 하는 것이다.

사마타(Samatha) 명상

사마타(Samatha, 삼매:三昧) 명상은, 온갖 분별심과 망상을 멈춰 영혼과 마음과 신체가 오직 하나에 집중된 상태에 이르는 것을 목적으로 하는 수련법으로 '집중명상'이라고도 한다.

이때 분별심이란 옳고 그름, 좋아하고 싫어함, 기뻐하고 슬퍼함, 이익과 손해, 즐거움과 괴로움 등 온갖 것을 비교하거나 선별하는 마음이며, '지금·여기'에 100% 집중하지 못하고 잡념에 빠져 있는 것이 망상(妄想)이다.

사마타 명상은 이런 분별심과 망상을 멈추고 마음이 하나로 집중된 상태를 추구하는데, 이 상태를 기독교에서는 묵상을 통한 신과의 합일(合一)이라 하고, 불교에서는 선정(禪定)이라고 부른다.

분별심이나 망상을 멈추려면 적극적으로 온 마음을 집중시킬 하나의 대상이 필요하다. 마치 그릇이 비어 있으면 물이 흘러들어가게 되고, 그릇이 가득 차면 더 이상 물이 들어갈 수 없는 것과 같은 이치다. 망상을 오로지 멈추기만 하면 망상이 사라진 마음자리에 다른 잡념이 계속 생겨날 수밖에 없기에 그 마음자리에 잡념이 아닌 집중할 '하나의 주제'를 집어넣어야 하는 것이다.

이런 주제를 기독교에서는 '묵상(黙想)의 대상'이라 한다. 예수님의 십자가 고행이나 부활, 성령의 임재 등의 주제에 관하여 온 정신을 집중해 묵상함으로써 묵상의 대상에 대한 깊은 깨달음이나 일체감을 체험하는 것을 목적으로 한다.

불교의 참선 수행에서는 이런 주제를 '공안(公案)' 혹은 '화두(話頭)'라고 부른다. 수행자의 모든 의식이 똘똘 뭉쳐서 오직 공안 한 가지에 대한 의심에만 집중하도록 유도해 상락아정(常樂我淨)에 이르도록 하는 것이다.

공안에 관한 예를 들어보자. 불교 선수행에서 유명한 공안으로 조주 선사[6]의 '무(無)자' 화두가 있다.

어느 날 뜰 마당에 개가 지나가고 있었다. 그걸 본 제자가 스승 조주선사에게 물었다.

"스님, 개에게도 불성이 있습니까?"

---

6) 조주종심(趙州從諗, 778~897): 중국 당나라 때의 승려.

조주스님은 답변했다.

"무(無)!"

여기서 온갖 의문이 일어난다. 조주의 '무'를 단어 그대로 유무의 무(無), 즉 '없다'라고 생각한다면 이는 '만물에 불성(佛性)이 있다'는 불교 교리에 어긋나는 답변이다.

그렇다면 문자의 의미와 다르게, '있다는 의미를 가진 무(無)'라고 생각한다면, 이 또한 엄연히 구분되는 유(有)와 무(無)를 혼동해 사용하는 것이기 때문에 말이 되지 않는다.

그러면 도대체 조주의 '무!'라는 것이 무엇이란 말인가?

참선수행에서의 조주의 '무자 화두(無字話頭)'와 같은 공안은 세상의 학문을 공부하는 것처럼, 머리로 생각하거나 판단이나 의미를 연구하거나 어떤 답을 찾으려고 해서는 안되는 것이다.

오직 수행자의 의식, 무의식, 영혼, 마음, 신체 등 '모든 것'을 완전히 하나로 똘똘 뭉쳐서, 시간과 공간의 개념까지 사라진 상태에서 그 '무'자를 참선하고 탐구해보라는 것이다.

온몸으로 의문을 일으켜서 '무'자를 붙들고 매달려 마침내 '무'자와 일체가 되라는 것이다. 그리하여 궁극적으로 세상에는 나도 없고 너도 없고, 시간이나 공간 개념도 없으며, 일체가 하나로서 형형(炯炯)하게 존재하는 그런 경지를 체험하고 깨달아 보라는 것이다.

이때에 이르러서야 비로소 유한하고 모순투성이인 내가 알고 보니 무한하고 흠 없는 절대적 존재임을 발견하게 된다는 것이다.

사마타 명상은 오직 한 가지 대상에 온 정신을 집중하는 것이다. 이른바 '행주좌와(行住坐臥) 어묵동정(語黙動靜) 간에도 여일(如一)해야 한다'는 것인데, 걷고 머물고 앉아 있거나 누워 있을 때, 말하고 침묵하고 움직이거나 가만히 있을 때, 즉 일상생활의 모든 순간순간에 오직 하나의 대상 또는 주제에 집중하는 수행법이다.

사마타 명상의 기본자세는 단전호흡이다. 조용한 장소에서 결가부좌나 반가부좌를 틀고 조용히 단전호흡을 하면서 하나의 테마(공안)를 깊이 참선하고 탐구하는 방식이다.

단전호흡 등 정신수련을 통해 공부를 하거나 사무를 보거나 노동을 하거나 식사를 하거나 놀이를 하거나 그 무엇을 하든 간에 몰입의 즐거움과 삼매가 불러오는 평화로움과 즐거움을 누릴 수 있게 되는 것이다.

위빠사나(Vipassana) 명상

위빠사나(Vipassana, 관:觀) 명상은 현상의 실제 모습, 즉 실상(實相)을 있는 그대로 보고 느끼고(感) 파악하는 지혜와 능력을 기르는 것을 목적으로 한다.

통찰명상 또는 지혜명상으로도 불리며, '바로 지금, 바로 여기'에서 자신이 하고 있는 일이나 대상에 100% 몰입해 지켜보는 수행법이다.

예를 들어 걸을 때는 걸음에만, 식사할 때는 식사에만, 괴로울 때는 괴로움에만, 즐거울 때는 즐거움에만, 나의 영혼과 정신과 신체를 일체로서 100% 몰입해야 하는 것이다.

주의할 점은, 바로 지금 나타난 일이나 현상에 100% 집중하되 그것에 머물지 말고 바로 이어서 다른 일이나 현상이 나타나면 즉시 새로운 일이나 현상 그것에 다시 집중해야 한다는 것이다.

예를 들어 걸어갈 때 '다리의 움직임과 얼굴을 스치는 감각'에 100% 집중하며 걷고 있는데, 누군가가 나의 팔을 잡았다면, 나의 모든 의식은 '다리의 움직임과 얼굴을 스치는 감각'에서 바로 벗어나 '팔을 잡은 그 사람과 잡힌 팔'로 옮겨져야 하는 것이다.

밥을 먹고 있을 때는 음식의 맛을 알아차리고 밥알이 입안을 스치는 감촉을 느끼는 것이고, 물을 먹을 때는 그 물이 입안에서 느껴지는 감각을 알아차리고, 물이 목구멍을 타고 식도를 통해 위장으로 내려가는 것을 느끼는 것이다. 이런 방식으로 '바로 지금, 바로 여기'에 몰입하라는 것이 위빠사나 명상이다.

명상수련의 효과

사마타 명상에서는 시종일관 명상의 주제나 대상에만 집중하는데 비해 위빠사나 명상은 집중을 하지만 집중의 주제나 대상이 바뀌면 이를 바로 알아차리고 그 바뀐 주제나 대상에 다시 집중을 하는 명상이다.

이때 몰입과 집중의 경지는 사마타 명상이 더 깊을 수밖에 없다. 사마타 명상은 한 가지 주제나 대상에 집중하지만, 위빠사나 명상은 주제나 대상의 변화를 따라다니면서 집중하기 때문이다. 하지만 변화무쌍한 현상을 있는 그대로 볼 수 있는 능력은 위빠사나 명상이 더 우월하다고 할 수 있겠다.[7]

예컨대 수행자가 산책을 하고 있다고 하자.

사마타 명상은 산책을 하면서도 오직 자신이 붙들고 있는 공안

---

7) 김정빈, 『마음을 다스리는 법』, 도서출판 둥지, 1997, 196쪽.

에 대한 의심만을 할 뿐, 자신의 동작(다리의 움직임이나 손놀림 등)이나 주위의 환경(나무나 풀, 지나는 사람이나 소음 등)에는 전혀 관심을 두지 않는다.

반면 위빠사나 명상은 공안에 대한 의심을 하는 것이 아니라, 바로 지금 이 순간에 하고 있는 모든 동작이나 주변 상황에 완전히 몰입하는 것이다.

예컨대 산책을 하면서 의식이 발동작에 미칠 때에는 두 발이 걷고 있는 상황, 발바닥이 흙을 밟는 촉각에 100% 집중해 그대로 느끼고 의식하는 것이다.

이어서 발동작에 머물던 의식이 갑자기 볼을 스치는 바람을 느낄 때는 이번에는 온 마음이 발동작에서 완전히 떠나 볼을 스치는 바람만을 느끼고 의식하는 것이다. 그러다가 지나가는 사람으로 의식이 옮겨지면 바로 지나가는 사람에게 의식을 집중하는 것이다.

위의 두 가지 수련법이 방법론상 서로 다른 것은 분명하지만, 이를 통해 이루고자 하는 목적이나 정신적 경지는 같다고 볼 수 있다. 선정과 지혜를 얻고, '지금·여기'에 완전히 집중 내지 몰입할 수 있는 능력을 기르는 것이 궁극적인 목표이기 때문이다.

사마타 명상을 통해 우리는 '고도의 집중력'을 기를 수 있다. 우리 마음이 언제 어디서 무엇을 하든 간에 생생하게 깨어 추구하는 바에 집중할 수 있는 그런 능력을 갖추게 된다. 위빠사나 명상은 '지금·여기'에 100% 몰입하는 능력을 키워준다. 언제 어디서 무엇을 하든 간에 모든 실체를 생생히 파악할 수 있는 것이다.

또 위빠사나 명상과 사마타 명상 등을 수련하면, 실상을 있는 그대로 파악할 수 있는 능력이 더 깊어지고 완벽해진다. 마치 100cc 용량의 그릇보다 1,000cc 용량의 그릇이 열 배의 물을 담을 수 있듯이, 10배율의 현미경보다 20배율의 현미경으로 두 배 이상 크게 볼 수 있는 것처럼, 이들 명상수련을 통해 삶의 전반에 걸친 능력의 질과 용량을 크게 높일 수 있게 된다.

대학생 시절, 사마타 명상(참선)을 처음 접했던 나는 아침저녁으로 40분 정도씩 참선을 했다. 그 습관은 40년 넘게 이어져 지금도 시간이 나면 참선을 하곤 한다.

사마타 명상과 함께 위빠사나 명상도 병행한다. 위빠사나 명상은 따로 시간과 장소를 정해 수련하는 것이 아니므로 '바로 지금 하고 있는 그 일' 그 자체에 몸과 마음과 영혼을 전인적으로 100% 집중하면 그것이 곧 위빠사나 명상인 것이다.

사마타 명상은 수행에 시간과 노력을 투입할 수 있는 스님 등 수도자들에게 적합하고, 위빠사나 명상은 수련에 많은 시간과 노력을 투입할 수 없는 일반인들이 수행하기에 적합하다고 생각한다.

누구나 일상생활(운동, 산책, 취미생활 등)에서는 일 자체('지금·

여기')에 몰입함으로써 위빠사나 명상을 수행하고, 매일 일정한 시간을 할애하여 사마타 명상(참선)을 수행할 수도 있을 것이다.

문제는 결국 몰입과 집중력이다. 다양한 수행법과 능력계발 방법의 골자는 바로 집중력을 기르는 방법을 찾는 것이기 때문이다.

그렇다면 집중력을 함양하는 방법은 무엇인가. 누차 강조하는 표현이지만, 언제 어디서나 '지금·여기'에 100% 집중(몰입)하는 능력을 갖추는 것이다. 덧붙여 이러한 능력을 기르기 위해서는 반드시 '호흡법'을 수행해야 한다는 게 개인적 경험에 따른 결론이다.

모든 정신수련법의 기본에는 호흡법이 등장한다. 그 이유는 잠재의식과 소통할 수 있는 유일한 통로인 호흡법(단전호흡법)을 통해서만 가장 높고 깊은 영혼과 정신의 심연에 들어갈 수 있고, 정신을 집중할 수 있으며, 엄청난 잠재능력을 계발할 수 있기 때문이다.[8]

호흡법이란 무엇이며, 왜 호흡법이 중요하고, 어떻게 호흡법을 수행할 것인가에 관한 이야기는 제4장 '집중력을 기르는 호흡의 길' 편에서 구체적으로 살펴보기로 한다.

---

8) 다음에 나오는 '생명의 샘물, 호흡으로 소통하다' 편 참조.

늘 '최선'을 찾아라

1987년 서울중앙지방법원에 근무할 때였다. 그해 8월 15일 광복절을 맞아 법원 동료들 여섯 명과 함께 지리산 천왕봉을 등반했다. 산행 코스는 남원 쪽 백무동을 거쳐 한신계곡으로 올라가 장터목산장에서 일박하고, 천왕봉에 오른 후 거기서 중봉, 하봉을 거쳐 하산하는 길을 선택했다.

그런데 우리가 선택한 하산로는 계곡을 여러 번 지그재그로 건너면서 내려오는 길이었다. 계곡에 물이 넘치는 여름철에는 이용할 수 없는 등산로였다. 하지만 우리 일행은 그런 사실을 미처 몰랐다.

여름철 폭우로 계곡에 물이 넘친 그 길을 따라 내려오는 것은 매우 위험한 일이었다. 우리는 거센 계곡물에 휩쓸릴 뻔한 위험한 고비를 몇 차례 넘기면서 무사히 하산할 수 있었다. 길을 한 번 잘못 들면 자칫 생명까지 잃을 수 있는 위험에 빠진다는 사실을 뼈저리게 체험했던 산행이었다.

백두산도 길을 따라 올라가면 어렵지 않게 오를 수 있다. 그러나 아무리 만만해 보이는 뒷동산이라도 길이 아닌 곳으로는 오르기가 쉽지 않다. 부산에서 서울에 가는 경우, 어떤 길과 무슨 수단을 이용했느냐에 따라 어떤 사람은 몇 시간 만에 도착하고 다른 사람은 한 달이 걸릴 수도 있다.

인생살이도 마찬가지다. 최고의 능력을 발휘하면서 성공적이고 행복하게 살아갈 수 있는 길이 있는가 하면 매사에 열등감과 고통과 좌절에 시달리며 불행한 삶을 살아갈 수밖에 없는 길도 있다.

학생들에게서도 같은 경우를 찾아볼 수 있다. 어떤 학생은 공부를 잘하는 방법을 터득하여 매번 우수한 성적을 낸다. 반면 어떤 학생은 나름대로 열심히 한다고 하는데도 잘못된 공부법 때문에 노력만큼 좋은 성적을 내지 못한다.

많은 사람들이 잠실의 종합운동장에서 서울 시청을 찾아갈 때에는 어떤 길이 가장 시간이 적게 걸리고 교통비가 적게 드는지, 여러 모로 생각해본 후 가는 방법을 결정한다. 시장에 가서 콩나물을 사면서도 어느 가게 콩나물이 싱싱하고 더 값이 싼지를 비교 검토해보고 산다.

그런데 정작 서울 시청 가는 길이나 콩나물 사는 문제와는 비교할 수 없을 정도로 중요한, 인생의 성공 여부를 좌우하는 능력계발이나 행복한 인생을 살아가는 방법 등에는 무관심하거나 별다른 노력을 하지 않는 경우가 너무 많다.

그것에 대해 진지하게 생각하지도 않고, 그 길을 찾아내 그 길로 가려고 노력하지도 않는다. 분명히 쉽고, 곧고, 가깝고, 성공과 행복을 얻을 수 있는 길이 있는데도 말이다. 사뭇 놀라운 일이 아닐 수 없다.

뇌파의 특징과 기능

인간의 뇌는 약 1,000억 개의 신경세포로 서로 얽혀 있다고 한다. 신경세포는 다른 신경세포와 거미줄처럼 연결되어 정보를 전달한다. 이때 정보를 전달할 때 발생하는 전기적 신호가 뇌파(腦波)인데, 뇌파는 주파수와 진폭(振幅)으로 표현된다.

주파수는 전기적 신호가 1초에 몇 회 떨리느냐 하는 진동수(Hz, 헤르츠)를 말하며, 진폭이라는 것은 그 파동의 높이(크기)를 말한다. 뇌파의 종류에는 베타파, 알파파, 세타파, 델타파 등 네 종류가 있다.

미국의 로버트. O. 벡카 박사 등 유명한 과학자들이 사람은 뇌파의 상태에 따라 뇌의 활동능력이 현격하게 달라진다는 사실을 밝혀냈다. 또 네 가지 뇌파 가운데 주파수 1~12Hz 정도의 초저주파(ELF파)가 인간의 능력을 극대화하고 행복감을 느끼게 한다는 점도 발견했다.

- 베타(β, beta)파: 주파수 12~30Hz 정도의 빠른 빈도수를 갖는 뇌파로 사람이 눈을 뜨고 일상적인 사회생활을 할 때 나타난다. 주파수 40Hz 이상의 빠른 베타파를 감마파(γ, gamma)라고 하는데, 감마파는 고도의 집중이 이루어질 때 또는 강한 스트레스를 받을 때도 나타난다.

- 알파(α, alpha)파: 8~12Hz 정도의 느리면서 규칙적인 주파수를 갖는 뇌파로 편히 쉬거나 명상을 할 때 나타난다. 주파수가 낮을수록 잠재의식의 세계에 깊이 들어가게 된다.
- 세타(θ, theta)파: 주파수 5~8Hz에 속하는 비교적 느린 뇌파다. 세타파 상태에 있을 때 깊은 개인적인 통찰을 경험하기도 하고, 창의적인 생각이나 문제 해결력이 솟아나기도 한다. 세타파는 심신이 이완된 상태 혹은 고도의 각성 상태에서도 나타나는 뇌파로서, 명상 상태의 전형적인 뇌파다. 인간이 초능력을 발휘할 때도 관찰된다.
- 델타(δ, delta)파: 주파수가 4Hz 이하에 속하는 아주 느린 뇌파로 불규칙적인 파동을 보여준다. 주로 잠을 잘 때나 혼수상태에 빠졌을 때 나타나며 흔히 수면파(睡眠波)라고 한다.

알파파와 세타파 등 주파수 5~12Hz 상태의 뇌파를 가리켜 '초저주파'라고 부르며, 사람이 무엇인가에 몰입하거나 집중할 때, 만족하거나 감사할 때, 단전호흡 등 명상을 할 때에 주로 나타나는 뇌파이다.

초저주파 상태에 있을 때 집중력과 기억력 등 정신능력이 최고조에 달한다. 공부나 일에 대한 능률이 가장 높아지고, 정신적으로 안정되고 마음이 편안해진다. 『뇌내혁명』의 저자인 일본의 외과의사 하루야마 시게오는 "뇌파가 알파(α)파 상태가 되면 뇌에서 일종의 마약성분인 모르핀이 분비되고, 이것이 몸의 면역력을 증가시키는 한편 창조력, 기억력 등을 향상시킨다"라고 주장하고 있다.[9]

따라서 집중력과 기억력 등 정신능력을 높이고, 마음에 안정을 얻고 스트레스를 해소하기 위해서는 공부나 일 등의 활동을 할 때 뇌파를 초저주파 상태로 만들어야 한다.

초저주파 상태는 정신집중을 하거나 단전호흡(참선) 등 명상을 할 때 생성된다. 따라서 우리가 공부, 일 등 활동을 할 때 고도의 정신집중 상태를 유지하는 노력을 해야 하고, 평상시에도 단전호흡 등 명상수련을 하여 뇌파가 초저주파 상태에 머물도록 수련해야 하는 것이다.

현재(顯在)의식과 잠재의식 사이에는 항암시장벽(抗暗示障壁)이라는 장벽이 있다. 이 벽이 잠재의식 층에 저장되어 있는 정보를 현재의식의 재생, 즉 정보를 기억해내지 못하게 하는 기능을 한다.

이러한 항암시장벽의 방해 때문에 의식이 받아들인 정보나 배운 지식을 쉽게 기억하지 못하게 된다. 그런데 뇌파가 단전호흡과 정신집중 등으로 초저주파 상태가 되면 이 벽이 점차로 허물어져가

---

9) 하루야마 시게오, 박해순 옮김, 『뇌내혁명』, 사람과 책, 1996, 159쪽.

는 것을 과학적으로 밝혀냈다.[10]

결국 공부나 업무수행능력을 좌우하는 결정적인 요소는 단전호흡과 정신집중의 습관을 길러 얼마나 뇌파를 알파파 등 초저주파 상태에 있게 하고, 항암시장벽을 뚫고 무의식 층에 영향력을 미치게 할 수 있느냐의 여부에 달려 있다고 하겠다.

현재의식과 잠재의식

'공부·능력의 길'을 찾아내기 위해선 먼저 마음의 실체부터 정확히 파악하는 일이 필요하다.

인간에게는 감각기관을 통해서 보고 듣고 말하고 느끼는 현재의식(顯在意識, Conscious Mind)과 확실히 인식할 수는 없지만 정신세계의 깊은 내면에서 사상과 감정과 행동을 형성하고 통제하는 잠재의식(潛在意識, Unconscious Mind) 등 두 가지 의식이 있음이 밝혀졌다.

심리학자들의 연구결과, 정신작용의 대부분은 그 정신작용을 실행하는 당사자가 생각하거나 느끼지 못하는 이른바 잠재의식의 세

---

10) 박희선, 『기적의 두뇌혁명』, 한강수, 1993, 141쪽.

계에서 비롯되는 것으로 밝혀졌다. 또 현재의식은 우리 의식세계의 5%에 불과하며, 나머지 95% 이상이 잠재의식의 세계라고 한다.

심지어 어떤 학자는 '잠재의식이 사실상 모든 일을 처리하고, 현재의식은 하나의 환상일 수도 있다'고 주장하기도 한다. 즉, 의식(현재의식)은 빙산의 일각이 아니라 빙산의 꼭대기에 놓여 있는 하나의 눈송이 수준에 불과하다는 것이다.

한 사람이 정원에 핀 장미꽃을 바라보고 있다. 장미꽃을 바라보는 바로 그 순간, 그 사람의 의식에는 무려 11,000,000개의 정보가 흡수된다고 한다. 그리고 1천1백만 개라는 엄청난 정보 가운데서 관찰자가 현실적으로 '인식'할 수 있는 정보는 약 40개 정도에 불과하다고 한다.

즉, 장미꽃의 꽃송이나 잎사귀의 숫자나 색깔, 모양, 크기 등 약 40개 정도의 정보는 내가 '현재의식'으로 인식할 수 있지만, 나머지 약 10,999,960개의 정보는 고스란히 '잠재의식' 속에 저장된다는 것이다.

이처럼 우리의 감각기관(눈, 귀, 코, 혀, 피부 등)과 사고능력을 통해서 보고, 듣고, 말하고, 느끼고, 판단하고, 받아들인 정보 중 현재의식에 의해서 개념 짓고 구체화할 수 있는 정보의 양은 매우 적다.

그리고 더 중요한 점은, 잠재의식에 저장된 엄청난 양의 정보가 우리의 사고, 행동, 능력, 습관 등에 거대한 영향력을 행사한다는 것이다.

잠재의식, 온갖 정보의 저장고

작심삼일(作心三日)이라는 속담이 있다. 어떤 행동이나 습관을 고치거나 개선하려고 노력하지만, 얼마 가지 못해서 다시 이전 상태로 돌아가는 것을 말한다.

이런 경우 흔히 의지가 약하다고 스스로를 질책하곤 하는데, 과학적으로 그 이유를 살펴보면 비단 의지 문제만이 아니다. 이런 현상은 잠재의식에 저장되어 있는 부정적인 방해의 힘, 즉 본래의 습관이나 행동으로 되돌아가려는 힘이 더 강하기 때문이라는 것이 심리학자들의 공통된 의견이다.

어떤 문제점을 해결하려면 먼저 문제의 원인이나 사안의 실체를 정확히 알아야 한다. 그래야만 적절한 대책을 찾아 그 문제를 해결할 수 있기 때문이다.

따라서 문제의 근원인 마음의 이중구조인 현재의식과 잠재의식(무의식)의 세계를 정확히 파악하고, 특히 잠재의식의 실체와 그 영향력을 제대로 알아야 능력계발과 행복한 삶을 위한 길을 찾을 수 있다.

실제로 능력계발 분야에서 연구하는 대상은 주로 잠재의식 영역과 관련되어 있다. 잠재의식은 우리의 의식세계의 대부분을 차지하고 있으면서 동시에 우리의 습관과 능력, 행복감 등 감정에 절대적인 영향을 미치는 까닭이다.

현재의식이 중요하지 않다는 이야기가 아니다. 동전의 양면처럼 의식은 현재의식과 잠재의식으로 구성되며, 잠재의식은 현재의식으로부터 형성된다.

예를 들면 눈이 보지 않으면 색체나 형상에 관한 인식이 잠재의식에 형성될 수 없고, 특정한 색깔만 선호하면 잠재의식 속에 그 색깔에 대한 선호의식이 강하게 형성되는 식이다.

잠재의식은 감각기관을 통해 얻어낸, 즉 현재의식이 취득한 온갖 정보와 경험을 안전하게 보관하고 간직하는, 기억 깊숙한 곳에 자리 잡고 있는 무의식의 세계이다.

이때 잠재의식은 단순히 정보를 저장하고 있는 상태에 머무는 것이 아니라, 당사자가 인식하지 못한 상태에서 그 사람의 마음과 행동에 막강한 영향력을 행사한다.

관련 연구에 따르면 잠재의식 속에는 유전자 등에 의해 유전된 의식까지도 저장되어 있다고 한다. 또 현재의식은 구체적인 감각이나 생각에 의해서 일시적으로 인식되는 것에 반해 잠재의식은 한 번 저장된 정보는 영구히 소멸되지 않는 특징을 지니고 있다고 한다.

과거의 모든 기억과 경험과 감정과 인상(印象)을 저장하는 거대한 '저장 창고'인 잠재의식, 이 창고에 무엇을 저장할 것인가는 각자의 몫이다. 그리고 이 창고에 저장되어 있는 것들이 무엇이냐에 따라 우리의 삶도 달라진다.

매사에 불안·초조해하고, 분노하고, 미워하고 자신 없어 하는 부정적인 생각과 활동을 하면 그런 것들만 고스란히 무의식의 창고에 쌓인다. 당연히 우울한 분위기가 풍기는 삶을 살아가게 되는 것이다.

반대로 모든 일에 긍정적이고, 적극적이며, 인간과 자연을 사랑하고, 밝고 아름다운 생각과 활동을 하면 그것이 고스란히 무의식의 창고에 저장된다. 늘 건강하고 생동감 넘치는 향기로운 삶을 살아가게 된다.

삶의 본질을 형성하고 한 사람의 능력과 성격을 규정짓는 잠재의식의 세계, 그곳에 무엇을 저장할 것인가를 심각하게 생각해보자. 당연히 능력 넘치고 행복한 삶을 살기 위해서 항상 긍정적이고 적극적인 암시를 잠재의식에 주입시켜야 할 것이다.

생명의 샘물, 호흡으로 소통하다

잠재의식은 인간 생명의 정수(精髓)이자 힘의 원천이다. 현대심리학 이론에 따르면, 인간이 살아가면서 취하는 모든 의식이나 행동은 그대로 잠재의식에 남는다고 한다.

생각하고, 보고, 듣고, 느끼고, 행동한 모든 것이 털끝만큼의 가감도 없이 고스란히 잠재의식의 세계에 그대로 각인되고, 기억되고, 보존된다는 것이다. 이처럼 수집된 정보를 바탕으로 잠재의식은 다양하고 강력한 힘을 발휘한다.

잠재의식은 현재의식이 쉬고 있을 때 더욱 활발하게 작동하기 시작한다. 직관력·감정·확신·영감·암시·추론·상상력·조직력·기억력과 역동적인 에너지 등이 그것이다.

현재의식과 달리 잠재의식은 쉼 없이 작동하면서 자율신경에 의해 지배되는 가장 기본적인 생명활동(심장박동, 호흡 등)을 수행한다.

또 신체적 위기상황에서 자동적, 즉각적으로 대처하기도 하고, 임박한 위기를 경고해주거나 불가능해 보이는 일도 가능하게 만드는 역할을 하기도 한다.

잠재의식이 지배하는 자율신경계는 주로 의식과 관계없이 자동적으로 작동하는 신체기관을 통제하는데, 호흡을 하는 폐, 혈액을 공급하는 심장, 소화기관인 위장·소장·대장 등이 그것이다.

이때 자율신경계의 통제로 자동적으로 작동하긴 하지만 우리가 의식적으로 그 횟수나 시간을 조절할 수 있는 유일한 것이 '호흡 기능'이다. 나머지 심장 박동이나 소화 기능 등은 통제나 조절 자체가 불가능하다.

따라서 우리는 호흡의 횟수나 방법을 조절하는 호흡법을 통해 역(逆)으로 잠재의식을 통제할 수 있는 능력을 가질 수 있는 것이다.

행위와 습관과 능력에 절대적인 힘을 발휘하는 잠재의식을 부분적으로나마 통제함으로써 능력계발과 인격발달을 획기적으로 가능하게 할 수 있다는 것이다.

이는 마치 몸 안의 밀폐된 공간에 '생명의 샘물'이 감추어져 있는데, 호흡이라는 방법을 통해 그곳에 구멍을 뚫어 빨대로 생명수를 마시는 것과 같다. 또한 무한한 능력을 지닌 잠재의식과 소통함으로써 자신에게 주어진 능력을 극대화할 수 있고, 원하는 대로 습관과 행동도 개선할 수 있는 것이다.

의식의 정화(淨化)

잠재의식은 현재의식의 도움 없이 신체적 필요를 직감적으로 깨닫고 생명을 유지하는 기능을 수행하기도 한다. 예컨대 건강에 갑작스레 이상이 생기거나 사고가 발생해 응급상황에 직면하면 잠재의식은 즉각적으로 신체를 통제하며 생명을 구하는 역할을 한다. 흔히 '본능적 행동'이라는 것이 바로 잠재의식에 기초한 것이다.

이 과정에서 잠재의식은 사리분별에 기초한 현재의식의 영향을 거의 받지 않는다. 우리는 미처 의식하지 못하지만 일상생활의 대부분이 잠재의식의 통제하에서 일어나고 있다고 할 수 있다.

잠재의식은 영적(靈的) 활동의 원천이기도 하다. 잠재의식은 현재의식이 의식하지 못하는 정신의 깊은 경지와도 소통한다. 따라서 텔레파시, 투시, 염력 등과 같은 영적인 활동을 가능하게 한다.

또 현재의식은 옳고 그른 것 등 가치판단을 하지만, 잠재의식은 가치판단을 하지 않는다. 잠재의식의 중요한 특징 중의 하나는 가치중립적이라는 점이다.

예컨대 현재의식이 어떤 대상에 대하여 옳다거나 그르다는 판단을 하고, 그른 것이므로 받아들이지 않겠다고 의식적으로 결정하더라도 잠재의식은 현재의식의 가치판단 정보와 함께 그 대상 전체를 고스란히 받아들인다. 이때 그 대상은 눈에 들어온 구체적인 영상일 수도 있고, 자신이 생각하는 사념(思念)일 수도 있다.

이렇듯 잠재의식은 부정적인 것이나 잘못된 것도 그대로 받아들여 저장하고 그 힘을 행사하기 때문에 앞서 '작심삼일의 사례'처럼 현재의식의 가치판단에 따른 부정적인 생각이나 나쁜 습관을 고치기가 결코 쉽지 않은 것이다.

인간의 능력계발이나 행복의 열쇠는 무엇보다 잠재의식에 대한 철저한 이해에 달려 있다. 명상법이나 호흡법 등 수련을 통해 잠재의식 세계에 영향력을 행사할 수 있는 능력을 길러야 가능하다는 것이다.

즉 잠재의식 속의 어둡고 부정적인 요인을 정화하고, 수련을 통해 어둡고 부정적인 요인을 극복할 수 있는 능력을 갖춰야만, 비로소 전인적인 자기계발이 가능하다는 것이다.

신념의 마력

지난날 대학입시를 앞두고 공부할 때, 법대 재학 시절 사법시험을 준비할 때, 결코 쉽지 않은 시간들이었음에도 도중에 포기하지 않고 앞만 보고 뚜벅뚜벅 걸어갈 수 있었던 것은 아마도 신념(信念)의 힘 때문이었을 것이다.

나는 어릴 적부터 신앙심에 기초한 강한 믿음을 갖고 있었다. 예컨대 노력은 결코 배반하지 않는다는 신념, 아무리 세상이 험하고 삶이 힘들더라도 선한 마음을 갖고 열심히 노력하면 반드시 보답을 받는다는 신념, 칠흑 같은 밤이라도 새벽이 오고야 만다는 믿음을 잃지 않았다.

이런 신념은 고단했던 시절, 내 삶의 지표가 되었다. 현실이라는 거센 풍랑에 휩쓸려버리기 쉬웠던 어리고 나약한 존재를 굳건히 지탱해주었다. 때론 현실의 통증을 믿음이라는 주문으로 마취시켜 일시적으로 그 고통을 잊기 위한 자기최면의 수단으로 작용하기도 했다.

물론 지금은 조금 다르다. 그 시절의 신념은 모두 구체적인 현실로 나타났고, 그렇기에 무엇보다 확실한 체험으로 내 안에 자리 잡고 있기 때문이다.

인간은 누구나 성공할 능력을 지닌 채 태어난다고 생각한다. 확고한 신념과 뜨거운 열정을 갖고 자신의 능력을 100% 집중해 노력하면, 누구나 원하는 목표를 이룰 수 있다고 확신한다. '무엇이든지 할 수 있다' 혹은 '나에게 불가능은 없다'는 강한 신념 앞에는 오직 성공과 실현만이 있을 뿐이다.

천재는 신념의 화신일 뿐이고, 신념이야말로 성공의 열쇠이다.

또 신념은 마음의 병을 치료해주고 성공에 이르는 사다리를 끝까지 오를 수 있게 도와주는 놀라운 힘이다.

성공의 출발점은 신념, 즉 그 사람의 '생각'에서 시작된다. 생각이 바뀌면 행동이 바뀌고 행동이 바뀌면 결과가 바뀌며, 결국 한 사람의 운명이 바뀐다.

즉, 생각이 그 사람의 성격과 운명과 삶을 좌우하는 것이다. 어떤 생각을 하느냐에 따라 강한 사람도 될 수 있고, 나약한 사람도 될 수 있으며, 능력 있는 사람이 될 수도 있고, 무능력한 사람이 될 수 있다.

이때 간과해서는 안 될 점이 있다. 단순히 무엇인가 될 수 있다는 신념을 갖는 데에서 그쳐서는 안 된다는 것이다. 그 신념이 구체적인 힘으로 작용해 마음과 행동을 바꾸도록 해야 한다.

즉, '나는 일류대학에 입학할 수 있다!'고 아무리 굳게 믿는다 하더라도 그것만으로는 부족하다. 이런 신념을 바탕으로 공부를 잘하기 위해 노력하고, 그런 능력을 실제로 갖춰야만 원하는 목적을 이룰 수 있는 것이다.

학습방법 가운데 '피그말리온 효과'[11]라는 것이 있다. 타인의 기대나 관심으로 인하여 능률이 오르거나 결과가 좋아지는 현상을

---

11) 피그말리온 효과(Pygmalion effect): 그리스 신화에 나오는 조각가 피그말리온의 이름에서 유래한 심리학 용어. 타인의 기대나 관심으로 인하여 능률이 오르거나 결과가 좋아지는 현상을 뜻한다.

가리키는 심리학 용어다.

예컨대 선생님이 한 학생을 지목해 '너는 아주 우수한 학생이다'라고 말하며 깊이 신뢰하거나 틈틈이 용기를 북돋아주면 그 학생의 성적이 실력 이상으로 향상되는 현상을 말한다.

인류 역사상 가장 위대한 천재 가운데 한 사람인 레오나르도 다빈치도 바로 이런 경우에 해당했다. 어렸을 적 그는 매우 소심한 성격에 대인기피증, 우울증까지 갖고 있었다. 그런 나빈치가 위대한 인물이 될 수 있었던 것은 바로 그를 길러준 할머니 덕이었다. 할머니는 다빈치에게 수시로 이렇게 말했다고 한다.

"너는 무엇이든지 할 수 있단다. 할머니는 너를 믿는다!"

어느 기자가 마이크로소프트 회장 빌 게이츠에게 세계적인 부자가 된 비결을 물었다. 빌 게이츠의 대답은 간단했다. 날마다 자신에게 두 가지 암시를 건다는 것이었다. '오늘은 왠지 큰 행운이 나에게 다가올 것 같다!'는 것과 '나는 무엇이든지 할 수 있다!'라는 일종의 자기최면이었다.

안젤라는 열세 살에 근위축증이란 희귀병에 걸렸다. 신경계질환인 신체무력증이었다. 그녀는 걸을 수 없었고 몸의 움직임도 제한적이었다. 불치병이었기에 의사들은 안젤라가 치료될 것이라는 희망을 전혀 갖지 않았다. 그녀가 평생을 휠체어에서 보내야 할 것이라고 진단한 것이다.

그러나 안젤라는 회복에 대한 의지를 잃지 않았다. 그녀는 틈날 때마다 자기가 언젠가는 반드시 다시 걷게 될 것이라고 주변사람들에게 말하곤 했다.

샌프란시스코에 있는 장애자를 위한 특수훈련 시설 심리치료사들은 포기할 줄 모르는 그녀의 강한 의지에 감동받았다. 그들은 그녀에게 시각화(視覺化) 요법을 가르쳐 주었다. 늘 걷는 모습을 머릿속으로 상상하고 그려보라는 것이었다. 비록 그것이 치료에는 도움이 안 될지라도 그녀에게 어떤 긍정적인 효과를 주리라는 기대 때문이었다.

안젤라는 열심히 물리치료를 받았으며, 동시에 침대에 누워서 '걷는 모습'을 상상하는 시각화 요법에도 신념을 갖고 매달렸다. 그녀는 상상 속에서 걷고, 걷고 또 걸었다. 그러던 어느 날이었다.

안젤라가 다른 날과 마찬가지로 침대에 누워서 최선을 다해 자신의 두 다리가 움직이는 상상을 하고 있을 때였다. 갑자기 기적이 일어났다. 침대가 움직인 것이다. 침대가 병실 안을 이리저리 움직이기 시작했다. 안젤라는 소리쳤다.

"이봐요! 드디어 해냈어요! 해냈다구요! 내 몸이 스스로 움직였어요!"

그 순간 병원에 있던 모든 사람들은 소리를 지르면서 대피소로 달려가고 있었다. 바로 그날이 샌프란시스코 대지진이 일어난 날이었다.

그러나 의료진은 지진이 일어났다는 사실을 안젤라에게 말하지 않았다. 그녀는 스스로 몸을 움직였다고 믿고 있었으니까.

2년 후, 그녀는 다시 학교에 다니게 되었다. 물론 자신의 두 다리로 걸어서였다. 목발이나 휠체어 따위는 더 이상 필요 없었다. 강한 신념은 이처럼 기적을 만들어내기도 한다.

영국의 과학자이자 의학자인 알렉산더 캐논 박사는 이렇게 말한다. "게는 잘린 집게발을 다시 자라나게 할 수 있지만 인간은 그렇게 할 수 없다. 그러나 마음속으로 그렇게 할 수 있다는 가능성을 굳게 믿는다면, 인간도 충분히 그렇게 할 수 있을 것이다."

거울의 기술

『신념의 마력(The Magic of Believing)』의 저자 클라우드 브리스톨은 말한다. "누구나 강한 신념을 갖고 간절히 열망하는 것을 시각화해서 실천하면, 자신이 원하는 삶을 스스로 창조할 수 있다"라고.

그는 역사적으로 무언가를 일궈내고 변화를 이끈 위대한 인물들의 공통점은 강한 신념을 품고, 그 신념을 달성하기 위해 열심히 노력했다는 점을 사례로 들고 있다. 즉, 성공의 비결은 신념을 확고히 수립한 후, 이를 다각도로 강화해나가는 데 있다는 것이다.

클라우드 브리스톨은 신념을 강화시키는 수단으로 세 가지 방법을 제시하고 있다. '자기 암시', '마음의 그림 그리기', '거울의 기술' 등이 그것이다. 이 세 가지 방법은 각각 독립적인 것이라기보다는 서로 융합되어 사용될 수 있는 것이다.

이때 '자기암시'나 '마음의 그림 그리기' 등의 방법은 뒤에서 소개하는 '자기 최면'과 '이미지 트레이닝'의 내용과 유사하므로 여기서는 생략하고, '거울의 기술'이란 내용부터 소개한다.

'거울의 기술'이란 거울에 비친 자신의 눈을 바라보면서 원하는 바를 반드시 이루겠다는 강한 열망을 갖고 스스로에게 긍정적인 암시를 하는 것이다. 즉, 아침에 일어나 하루를 시작하면서 거울을 볼 때 자신의 얼굴이 행복과 감사로 가득 찬 모습이라고 생각한다.

학생이라면 '아! 오늘도 즐거운 날이다. 나는 즐겁고 열심히 공부한다. 한 번 읽고 배운 것은 다 기억한다'라고 소리 내어 말하면서 즐겁게 공부하고 있는 자신의 모습을 상상한다.

직장에 다니는 회사원이라면 '아! 오늘도 참으로 행복한 날이다. 나는 즐겁고 열심히 일한다. 나는 누구보다도 일을 잘한다'라고 소리 내어 말하면서, 자신이 활력에 넘쳐서 즐겁게 일하는 모습을 상상하는 방법이다.

영업사원이 고객을 만나러 가야 한다면 '나는 고객을 만나는 것이 즐겁고 고객을 사랑한다. 고객도 나를 반갑게 맞아줄 것이다'라고 소리 내어 말하면서 자신이 웃으면서 고객과 다정히 악수를 하는 모습을 상상한다.

저녁에 집에 돌아왔을 때도 옷을 벗기 전에 거울 앞에 서서 자기 암시를 한다. '아! 오늘 나는 즐거웠고 열심히 생활했다. 나는 힘이 넘치고 능력 있는 사람이다. 이제 지금부터 충분한 휴식을 취하고 내일은 오늘보다 훨씬 즐겁게 열심히 생활할 것이다'라고 소리 내어 말하면서 그러한 모습을 상상한다.

어렵고 복잡할 것도, 혹은 머쓱해할 것도 없다. 늘 자기가 원하는 바를 상상하고 스스로 들을 수 있도록 소리 내어 말하면 그것으로 충분하다.

예컨대 서울대 입학을 원하는 고등학생이라면 서울대에 진학해 공부하고 있는 자신의 미래의 모습을 상상한다. 장차 사장이 되기를 원하는 직장인이라면 훗날 사장실에서 결제를 하는 자신의 모습을 상상하고, 의사가 되기를 원하면 하얀 가운을 입고 환자를 진찰하는 모습을 상상하면서 '나는 반드시 의사가 된다'고 소리 내어 말한다.

이때 상상은 최대한 구체적이고 현실감 있게 해야 한다. 백문이 불여일견(百聞不如一見)이라는 말이 있듯이, 그냥 형식적으로 입만 달싹거려 말하면 효과가 약하다. 이루기를 원하는 대상을 이미 지화하여 마치 예정된 것처럼 구체적으로 그려보는 것이다. 왜냐하면 이미지란 추상적인 것보다 구체적이고 세밀할 때 우리의 의식과 기억 속에 더욱 강력하게 저장되기 때문이다.

잠자리에 들기 전 오늘 하루를 참으로 행복하게 보낸 것에 감사하자. 그리고 가장 편하고 가벼운 자세로 자리에 누워 마치 영화를 보듯 가벼운 마음으로 하루를 돌이켜본다.

이때 그날 잘못한 것에 대해 가볍게 반성은 하되 후회하거나 자책은 하지 않아야 한다. 비록 당초 계획하고 의도하였던 것에 훨씬 못 미쳐 불만스럽다 하더라도 그날 이루고 실행한 것 중에서 아무리 사소한 것이라도 좋았던 것을 떠올려야 한다는 것이다.

반드시 즐겁고 긍정적이고 감사한 마음을 갖고 잠자리에 들어야 한다. 잠재의식에 암시를 줄 때도 그 암시하는 바가 이미 다 이루어진 것으로 믿는 신념이 매우 중요하기 때문이다.

실례로 기독교 신자들의 기도법이 이와 유사하다. 기독교 신자들은 기도를 한 후, 하나님이 기도를 마침과 동시에 기도를 다 들어주시는 것으로 생각하고, 기도를 이루어주신 것에 대해 감사하며 기도를 마무리하기 때문이다.

화분에 심어진 화초에게도 아름답다거나 사랑스런 말을 해주면 그렇지 않은 화초보다 훨씬 잘 자라고 싱싱한 꽃이 핀다고 한다. 반면 잘라버리겠다, 혹은 물주기 귀찮다는 식의 부정적이고 미워하는 말을 하면 화초가 생기를 잃는다는 것이다.

식물도 그러하거늘 하물며 영적인 우리 인간이야 더 말할 필요가 있겠는가. 그렇기에 성공적인 삶을 추구한나면, 긍징직이고도 적극적인 자기암시를 생활화해야 한다.

포탄소리 속에서도 잠들다

1970년 겨울, 나는 서울대 법대 재학 중에 군에 입대했다. 편안한 군대생활은 없겠지만 당시의 군대는 모든 면에서 지금과는 비교가 되지 않을 정도로 혹독했다.

군기 잡는다는 명목으로 걸핏하면 폭력이 행사되고 기합이 반복됐다. 상급자의 요구가 터무니없고 부당해도 무조건 따라야 했다. 난생처음 경험하는, 도대체 대한민국 하늘 아래 어찌 이런 집단이 있을까 싶을 정도로 전혀 다른 세상이었다.

명색이 법학도였던 탓일까, 새까만 졸병이었지만 나는 상급자의 부당한 지시와 이유 없는 폭력에 맹목적으로 순응할 수는 없었다. 그러다 보니 자연히 나를 겨냥한 폭력과 기합이 자주 벌어졌고, 마침내 사건이 터졌다.

1971년 1월 말 새벽 두 시경, 느닷없이 선임 병장이 나를 포함한 졸병 세 명을 깨웠다. 매섭도록 추운 겨울밤이었다. 그는 우리를 팬티 차림에 겨울바람이 매섭게 휘몰아치는 막사 뒤 공터에 세웠다. 온몸이 동태처럼 딱딱하게 얼어붙는 것 같았다.

체질적으로 유난히 추위를 탔던 나는 전기에 감전된 것처럼 온몸을 사시나무 떨 듯이 떨었다. 참고 견딜 상황이 아니었다. 그러다 어느 순간 의식이 몽롱해지더니 그대로 쓰러졌다. 나는 무려 3일 동안 의식불명 상태에 빠져 있었고, 의식이 돌아오자 곧바로 고향 집으로 후송되었다. 그리고 어머니의 눈물 어린 간호로 약 1개월 만에 간신히 몸을 추스를 수 있었다.

그러는 사이 여러 생각이 교차했다. 무엇보다 얼토당토않는 부당한 지시와 이유 없는 구타와 폭행이 행해지는 곳에서 상처받으며 군생활을 해야 하다는 게 무의미하게 느껴졌다. 그럴 바에야 차라리 힘들더라도 전장에서 군인답게 생활하는 게 나을 것 같았다. 당시 우리나라는 베트남에 파병하여 월맹군과 전투를 벌이고 있었다.

고심 끝에 건강을 회복하자마자 나는 월남 파병을 자원했다. 그리고 군 수송선을 타고 5박 6일간의 항해 끝에 이역만리 베트남의 캄란 항에 도착했다.

　푸르다 못해 검은 물결, 해변의 울창한 야자수 숲, 넓게 펼쳐진 백사장, 식민지 시절 프랑스인들이 지은 아름다운 건물들, 그 위로 뜨겁게 내리붓는 강렬한 햇빛 등 이국의 정취가 황홀했다. 우리가 도착한 캄란 항은 미항(美港)이라는 세계적 명성에 걸맞는 참으로 아름다운 항구였다. 이렇게 아름다운 산하에 무슨 전쟁이란 말인가. 장탄식이 절로 흘러나왔다.

　나는 월남의 중부지역 닌호아에 주둔중인 백마부대에 배속되었다. 당시는 월남군과 미군 등 연합군의 패색이 짙어가던 때였고, 이른바 베트콩으로 불리는 게릴라 전투원들과 월맹군이 아군을 끊임없이 위협하고 공격할 때였다.

　적군들은 새로 파병된 병사들이 월남에 도착하면 공포감을 주기 위해서인지 며칠 동안 아군 부대의 주둔지를 향하여 포탄을 쏘아댔다. 물론 아군도 적의 주둔지를 향해 응사했다.

　내가 부대에 도착한 그날도 그들은 어김없이 아군 진지를 향해 포탄을 퍼부었다. 6일간의 지루한 항해 끝에 도착하여 아직 뱃멀미도 채 가시지 않는 상황에서 맞닥뜨린 전쟁터의 모습은 참으로 두려운 것이었다

　공포에 질린 신병들은 참호에서 몸을 엄폐하고 포화가 멈추기만

을 기다리면서 밤새 잠을 이루지 못했다. 그런 밤이 며칠간 계속되었다. 그날도 참호에 몸을 숨기고 작렬하는 포화가 멈추기만을 기다리고 있었다. 그때 문득 무덥고 눅눅한 참호로 한 줄기 시원한 바람이 스쳐갔다.

순간 나는 머리를 들어 하늘을 쳐다보았다. 아군과 적군들이 쏘아올린 조명탄 불빛으로 하늘은 대낮처럼 밝았다. 조명탄의 불빛으로 칠흑 같은 어두움이 밝혀지고 열대의 생명력 넘치는 푸른 정글의 모습이 대낮처럼 드러났다.

조명탄 빛이 서서히 스러져감에 따라 다시 어둠에 묻혀가는 주위의 풍경, 쉴 새 없이 터지는 포탄의 불빛과 포성 등이 어우러져 참으로 장관을 이루고 있었다.

두렵고도 아름다운 풍경을 바라보고 있는 사이 전쟁의 공포가 사라지고 마음이 평안해졌다. 조금 더 시간이 지나자 눈꺼풀이 무거워지면서 포성 속에서도 스르르 잠에 빠져들었다.

이후 나는 잠자리에 누우면 '아름다운 캄란항의 야자수 그늘에 매달린 해먹에 누워 서늘한 바람결을 느끼면서 자는 모습'을 떠올렸다. 그러한 상상을 하면 포성 속에서도 쉽게 잠이 들곤 했다.

나중에는 그 장면을 머릿속에 떠올리기만 해도 잠에 빠져들게 되었다. 지금까지 나는 월남에서의 그때 풍경을 상상하면 바로 잠들곤 한다.

이미지 트레이닝

　월남전에 참전했던 한 미군 소령의 이야기다. 그는 월맹군에 생포되어 포로생활을 해야 했다. 그는 7년간의 포로생활 중 고된 노역과 육체적인 고문 등 가혹행위로 몸과 마음은 지칠 대로 지쳤고, 과연 살아서 돌아갈 수 있을까 하는 불안감까지 겹쳐 하루에도 몇 번씩 자살충동을 느낄 정도였다.

　어느 순간, 그는 현실의 고통과 자살충동을 잊기 위해 머릿속으로 골프를 즐기기 시작했다. 미국에 있는 고향집은 아름다운 골프 코스 근처에 있었고, 그 역시 골프를 좋아해 틈날 때마다 라운딩을 했었기 때문이다. 골프실력은 평균 90타 중반 정도였다.

　그는 포로생활을 하는 동안 틈날 때마다 머릿속에서 라운딩을 펼쳤다. 가상의 골프장 코스를 걸으면서 골프채를 휘두르고 공이 떨어진 지점에서 다시 적당한 골프채를 선택해 샷을 하여 그린에 올리고, 퍼팅을 하는 등 전체 과정을 구체적인 이미지로 그리곤 했다.

　손바닥에 골프채를 잡은 느낌, 잔디를 걸을 때 느껴지는 발바닥의 감촉, 계절과 하루의 시각에 따라 다른 바람의 온도와 세기를 피부로 느끼는 감각을 떠올리면서 라운드를 계속해나갔다.

　이러한 가상의 플레이를 하는 동안에는 열대의 뜨거운 햇빛과 포로생활이 가져다주는 육체적 고통, 심리적 불안 등도 잊을 수 있었다. 오히려 고향의 아름다운 골프장에서 골프를 즐기는 행복감을 느끼기까지 하였다. 이렇게 상상 속에서 골프를 즐겼기에 그는 장장 7년이라는 포로생활을 건강하게 잘 견뎌낼 수 있었다.

마침내 전쟁이 끝났고 포로교환 협정을 통해 그는 고향집으로 돌아갔다. 그리고 7년 만에 처음 골프채를 잡고 프로암(Pro-AM) 대회에 참가했는데, 놀랍게도 75타를 기록했다. 75타라는 기록은 그에게는 처음 있는 일이었고, 프로선수에 준하는 수준이다.

이러한 결과는 다름 아닌 전쟁포로 시절, 죽음의 공포를 잊고 극한상황에서 살아남기 위한 방편으로 시작한 골프의 '이미지 트레이닝'으로 얻은 성과에 다름 아니었다. 미군 소령의 이와 같은 체험은 스포츠에 이미지트레이닝 기법이 도입되는 계기가 되었다고 한다.

2010년 남아공 월드컵에서 두 골을 넣은 축구선수 이정수는 경기 후 기자가 골을 넣은 소감을 묻자 이렇게 대답한다.

"경기에서 골을 넣는 장면은 머릿속으로 수없이 그렸던 상황이었다. 나는 틈나는 대로 골을 넣는 장면을 생각한다. (기)성용이의 프리킥을 때론 잘라 들어가며 넣는 것, 혹은 뒤로 돌아가면서 넣는 모습을 반복적으로 되새겼다."

그랬다. 이정수가 남아공 월드컵 무대에서 넣은 두 골은 모두 그가 평소에 수없이 반복하여 뇌리에 깊이 새긴 '뒤로 돌아가면서 넣는 장면'을 연출한 '이미지 트레이닝'의 결과물이었다.

'허풍도사'의 수행법

대학 시절, 나는 작은 방에서 작은 형과 사촌 동생과 함께 지냈다. 나는 새벽공부형이어서 밤 열 시면 잠자리에 들어 네 시간 정도 잔 후, 새벽 두 시경에 일어나서 하루를 시작했다.

반면 함께 지낸 형제들은 저녁공부형이어서 내가 잠잘 때 공부를 하고 내가 일어날 때쯤이면 잠을 잤다.

비좁은 방에서 한창 혈기왕성한 20대 남자 세 명이 함께 지내기란 쉽지 않은 일이었다. 생활패턴이 비슷해도 불편할 터인데, 정반대의 스케줄로 생활했으니 불편함이 얼마나 심했겠는가.

그러나 나는 그런 불편함에 거의 영향을 받지 않고 무난히 지낼 수 있었다. 포탄이 작렬하는 월남 전쟁터의 참호 속에서도 잠들었던 경험, 야자수 그늘의 그물침대 등 이미지 트레이닝 덕분이었다.

문제는 단전호흡(참선) 때 주로 발생했다. 일상생활을 할 때에는 별 잡념이 생기지 않았지만 막상 결가부좌를 하고 앉으면 온갖 생각들이 죽 끓듯이 일어났다. 평상시에는 전혀 생각하지 않았던 어린 시절이 기억나 전혀 새로운 망상들이 꼬리를 물고 요동쳤다.

이런 상황은 참선 공부가 상당한 경지에 이르기까지 계속되었고, 이후에도 잡념과 망상의 정도가 다를 뿐 그것이 완전히 사라지지는 않았다. 아마도 모든 번뇌 망상을 끊을 수 있는 무념무상의 단계는 해탈한 사람만이 누릴 수 있는 최고의 경지일 것이다.

아무튼 나는 새벽과 저녁 하루 2회씩, 1회에 약 40분 정도 참선을 하곤 했다. 저녁이나 고요한 새벽, 좁은 방에서 두 사람의 형제가 공부하거나 자고 있는데, 벽을 향해 가부좌를 한 채 참선수행을 하는 것은 참으로 어려운 일이었다. 특히 새벽녘, 홀로 참선을 하고 있노라면 형제들의 숨소리가 고함 소리처럼 크게 들리기도 했다.

날씨가 춥지 않을 때는 마당 한쪽에 앉아 참선을 하였으나 날씨가 춥거나 비가 올 때는 별수 없이 자고 있는 형제들 곁에서 참선을 할 수밖에 없었다.

그때 생각한 것이 '이미지 트레이닝'이었다. 나는 '거울처럼 잔잔한 호수 안에 있는 호젓한 정자에 앉아 조용히 참선을 하는' 모습을 상상하기 시작했다.

그렇게 한 결과, 함께 생활하는 형제들과 관계없이 참선을 할 수 있었다. 이후부터 아무리 떠들어도 잘 자고, 옆에서 코를 골아도 묵묵히 참선을 하는 나를 보며 가족들은 '허풍도사'라는 별명으로 놀리곤 했다.

긍정과 믿음의 힘

이미지 트레이닝(Image-training)이란 '자기가 원하는 바를 구체적인 영상으로 형상화하여 기억에 새기는 훈련'이다. 그런 이유로 이미지 트레이닝 기법은 공부 등 교육 분야는 물론 능력을 최대한으로 발휘해야 하는 각종 스포츠 훈련 등에서 폭넓게 이용되고 있다.

스포츠심리학자 R. A. 반델 박사는 양궁 선수들에게 경기장에서 실제 화살을 쏘지 않고 표적만 보면서 활 쏘는 이미지만을 계속 연습하도록 훈련한 결과, 실제로 활을 쏘며 훈련한 경우와 거의 같은 효과를 낸다는 사실을 발견했다. 캐나다대학 농구팀의 실험 결과도 이미지 트레이닝의 효과를 잘 보여주고 있다.

실력이 비슷한 선수들로 팀을 세 그룹으로 나눈 후, 20일 동안 각기 다른 조건을 부여했다. 1그룹은 20일 동안 매일 30분씩 자유투 연습을 시켰고, 2그룹은 연습을 아예 하지 않았다. 3그룹은 매일 30분씩 머릿속으로만 자유투를 하는 이미지 훈련만 했다.

그런 다음 실험을 시작한 첫날과 20일 후 점수를 기록했다. 실험 결과 1그룹은 자유투 성공률이 24% 향상되었고, 2그룹은 아무런 진전이 없었으며, 3그룹은 성공률이 23% 향상되어 매일 자유투 연습을 한 그룹과 거의 비슷한 결과를 보였다. 이미지 트레이닝이 실제 연습한 것과 거의 같은 효과를 낸다는 사실이 입증된 셈이다.

    이미지 트레이닝은 어디서 무엇을 하든 간에 그 일을 시작하기 직전에 하는 것이 좋다. 본격적인 일에 앞선 일종의 준비운동이기 때문이다.

    이미지 트레이닝은 자기가 원하는 바를 구체적으로 영상화(이미지화)하면 된다. 목표를 이미지화할 때는 간절한 마음으로 강하게 염원해야 하고, 그 목표는 긍정적인 내용이어야 한다. 이때 중요한 것은 무엇보다도 자신의 믿음대로 반드시 이뤄진다는 강한 확신을 갖는 일이다.

    어떤 일을 하든 긍정적이고 적극적인 태도는 부정적이고 소극적인 태도보다 훨씬 더 좋은 성과를 낼 수 있다. 따라서 이미지 트레이닝을 할 때는 반드시 긍정적이고 적극적인 모습만 영상화해야 한다.

    예컨대 축구를 할 때는 골을 넣고 승리하여 환호하는 모습을, 시험을 볼 때는 확신에 찬 모습으로 쉽게 시험지를 풀고 있는 모습과 시험을 잘 본 후 기뻐하는 모습을, 누구에게 부탁을 하러 갈 때는 상대방이 흔쾌히 자신의 부탁을 들어주는 모습만 떠올려야 한다.

    긍정적이고 적극적으로 생각하고 행동할 때 활력이 생기고 능률을 높일 수 있기 때문이다. 부정적인 이미지는 아예 떠올리지도 말아야 한다. 즉, 경기에서 혹 질 수도 있다는 생각, 시험문제를 못 풀지도 모른다는 생각, 그리고 혹시 부탁을 거절당할지도 모른다는 생각 자체를 하지 않는 것이다.

우리는 모든 일을 하고 싶어서 하는 것은 아니며, 매번 최상의 조건이나 상황에서 할 수만은 없다. 공부나 업무 등 노력이 필요한 일은 하고 싶지 않아도 의무적으로 해야 하는 일이다. 하지만 억지로 일을 하거나 싫증이 나거나 능률이 오르지 않을 때에도 반드시 긍정적 이미지를 떠올리는 작업을 빠뜨리지 말아야 한다.

'피할 수 없으면 즐겨라'는 말이 있다. 자신이 하고 싶어서 열심히 하고 있는 모습을 의도적이고 구체적으로 이미지화해야 한다. 그러다보면 어느 순간, 소극적으로 마지못해 하던 태도는 사라지고 즐거움 속에서 열심히 공부나 일을 하고 있는 스스로를 발견할 수 있을 것이다.

'자기최면'이란 무엇인가

최면(催眠)이란, 어떤 수단이나 암시를 통해 몸과 마음이 '마치 잠든 것처럼 이완된 상태'를 말한다.

즉 몸과 마음이 마치 잠든 것처럼 이완된 상태지만, 내면의 의식은 깨어 있는 점에서 실제로 잠든 것과는 다르다. 동시에 몸과 마음이 잠든 것처럼 완전히 이완됨으로써 고도의 정신집중이 가능해진다.

최면 상태가 되면 현재의식 때문에 의식의 세계에 나타나지 않던 잠재의식(무의식)이 활성화된다. 그런 이유로 현재의식의 벽을 허물고 잠재의식 속에 저장되어 있는 정보를 꺼내거나 잠재의식에 영향력을 행사해 자신도 의식하지 못하는 공포감이나 열등감 등 부정적인 잠재의식을 제거하거나 약화시킬 수도 있다.

자기최면(自己催眠)이란, '스스로가 자신에게 최면을 거는 것'을 말한다. 자기최면을 경험하려면, 처음에는 가능하면 최면 경험이 있는 사람으로부터 시연을 받아보는 것이 좋다. 자기최면을 돕는 최면 유도문을 녹음한 녹음테이프나 명상음악 테이프 등 관련 도구들의 도움을 받을 수 있다. 물론 다른 사람이나 도구의 도움 없이도 자기최면을 체험할 수도 있다.

자기최면을 제대로 활용하려면 최면에 믿음을 가져야 한다. 즉, 필요한 경우 언제라도 자기최면을 할 수 있고, 최면을 통해 원하는 바를 얻을 수 있다는 믿음이 그것이다. 이러한 의지와 믿음의 강도에 따라 최면에 빠지는 시간 및 효과에 차이가 난다.

우리는 언제 어디서 무슨 일을 하더라도 자기최면을 이용해 스스로에게 자기암시를 줌으로써 심신을 이완시키거나 자신감을 얻거나 능력을 계발하고 더 나아가 성격까지 개조할 수 있다.

자기최면의 원리는 이렇다. 우리가 집중해 자기암시를 반복하다 보면 어느 순간 '암시하는 것'이 잠재의식의 가장 깊은 곳까지 파고든다. 그리고 잠재의식에 저장된 자기암시의 힘에 의해 그 사람은 매 순간 자기암시가 추구하는 쪽으로 서서히 변화한다. 이런 과정이 반복되면 그 변화의 힘은 바로 능력이 되고, 궁극적으로 자기암시가 실현되는 결과로 이어지는 것이다.

물론 첫술에 배부를 수는 없다. 처음부터 자기암시의 효과를 기대하기란 어려운 일이고, 자기최면을 제대로 해내기도 쉽지 않다. 단시간에 눈에 띄는 성과가 나타나지 않을 수도 있을 것이다.

그러나 이러한 자기최면을 생활화하고 습관화하면 마치 낙숫물이 바위를 뚫듯이, 자신도 모르는 사이에 놀라운 능력과 성과를 발휘할 수 있게 된다. 자신이 하는 모든 일(공부, 업무, 휴식 등)에 고도의 집중력을 발휘해 늘 최상의 상태에서 실행하고 최대의 결과를 얻어낼 수 있다.

우리가 공부나 일을 할때 이렇게 자기암시 과정을 거치면 정신이 이완되고, 단순하고, 순수하며, 민감하게 깨어 있는 상태에서 하게 되므로 같은 시간을 하더라도 그 효과가 훨씬 높아진다.

잠을 자더라도 그냥 자는 잠과 자신에게 최면을 걸어 자는 잠은 수면의 질과 깊이에서 큰 차이가 나고, 이에 따라 잠을 통해 얻는 휴식의 질과 정도 역시 달라진다.

자기최면 실행법

자기최면은 누구나 스스로 할 수 있다. 최면에 들려면 일단 온몸의 긴장을 풀고 가장 편안한 상태를 유지해야 한다. 안정적인 환경을 위해 조용한 방이나 푹신한 침대가 필요하다. 너무 어둡거나 너무 밝은 조명도 피하는 것이 좋다.

최면술사 등 다른 사람에 의한 전문적인 최면치료의 경우는 준비, 최면유도, 본치료, 종결이라는 4단계를 거친다. 스스로 하는 자기최면의 경우는 이런 절차를 거치지 않고 그냥 자신에게 최면을 걸면 된다.

최면 방법에는 이완(弛緩) 기법, 천정응시 기법, 엘리베이터 기법, 선호 장소 회상 기법 등 여러 가지가 있으나[12] 여기서는 내가 주로 이용하는 이완 기법만 소개한다.

일단 안락의자 같은 편안한 의자에 기대어 앉는다. 물론 방바닥

---

12) 설기문, 『최면과 전생퇴행』, 정신세계사, 1998, 128쪽 이하.

이나 침대에 누워서 해도 된다. 가능한 한 편안한 자세를 취한다. 두 팔은 양편으로 자연스럽게 내리고 다리는 길게 뻗는다. 스스로에게 최면을 거는 동안 눈을 감는다.

이렇게 몸이 완전히 이완된 상태에서 자기암시(自己暗示)를 실시한다. 먼저 머릿속으로 왼팔을 생각한다. 그리고 왼팔에 온 정신을 집중한다. 숨을 깊이 내쉬고 들이마시면서 다음과 같은 암시를 자신에게 준다.

"왼쪽 팔이 무거워진다. 무거워진다. 무거워진다. 점점 무거워진다. 무거워진다. 점점 무거워진다…… 점점 저려온다. 점점 저리기 시작한다…… 어깨에서 손끝까지…… 자, 이제 내 왼팔이 완전히 무감각해진다. 대단히 무거워져서 아무리 왼팔을 올리려고 해도 올릴 수 없게 된다. 들 수 없게 된다…… 들 수 없다."

그런 후 의식을 오른쪽 팔로 옮긴다. 그리고 모든 주의를 오른쪽 팔에다 집중시킨다. 그리고 왼팔에 대해 했던 것처럼 암시를 준다.

"이제 오른팔이 무거워진다. 무거워진다. 무거워진다. 점점 무거워진다. 점점 마비되어 무감각해진다…… 더욱 더 무거워져 마침내 오른팔을 들 수 없다. 들 수가 없다."

이어 왼쪽 다리를 생각한다. 그리고 모든 의식을 왼쪽 다리에다 집중시킨다. 호흡을 깊이 들이쉬면서 자신에게 암시를 준다.

"이제 내 왼 다리가 무거워진다. 무거워진다. 무거워진다. 점점 무거워진다. 점점 마비되어 무감각해진다…… 더욱 더 무거워져서 마침내 왼 다리를 들 수가 없다. 들 수가 없다……."

그러곤 다시 재빨리 생각을 오른쪽 다리로 옮긴다. 그리고 마찬가지로 거기에 암시를 준다.

"이제 내 오른 다리가 무거워진다. 무거워진다. 무거워진다. 점점 무거워진다. 점점 마비되어 무감각해진다…… 더욱 더 무거워져서 마침내 오른쪽 다리를 들 수 없다. 들 수가 없다."

그 다음에 생각을 몸 전체로 옮겨 온몸을 생각한다. 그리고 거기에 암시를 준다.

"내 온몸이 무거워진다. 무거워진다. 무거워진다. 점점 무거워진다. 점점 마비되어 무감각해진다…… 더욱 더 무거워져서 마침내 온몸을 움직일 수가 없다. 아무리 일어나려고 해도 일어날 수 없다. 일어날 수가 없다."

이어서 잠을 암시하기 시작한다.

"이제 잠이 든다. 잠이 든다. 잠이 든다. 잠이 들면 온몸의 피로가 완전히 풀리고 상쾌하고 새로워질 것이다. 편안한 잠을 잔다. 잠을 깊이 잔 후 내일 아침 몇 시(구체적인 시각, 예컨대 새벽 네 시 정각에 일어나기를 원하면 새벽 네 시라고 암시해야 한다)에 일어날 것이다. 그때 아주 기분 좋고 가볍게 일어날 것이다."

이 과정에서 주의할 점은 반드시 암시를 주는 대상이나 신체 부위에 온 정신을 집중해야 한다는 것이다. 도중에 안 될 것이라고 걱정하거나 딴생각에 빠지면 실패한다.

이렇게 자기암시를 마치고 나면 마치 잠을 푹 자고 난 것처럼 몸이 개운해진다. 자기최면을 걸어 잠자리에 들면 깊은 잠을 잘 수 있어 짧은 시간을 자더라도 숙면(熟眠) 효과를 볼 수 있다.

자기최면은 비단 잠들 때만 하는 것이 아니다. 우리는 무엇을 하든 간에 자기최면을 걸 수 있다. 만약 공부를 하고 있다면, 천천히 심호흡을 하면서 마음 속으로 '나는 온몸에서 긴장이 빠진다. 마음이 평온해진다. 몰랐던 것을 알게 되니 정말 기쁘다'라고 생각하면서, 공부를 열심히 하고 있는 모습을 머릿속에 그린다.

테니스 같은 운동을 할 때도 천천히 심호흡을 하면서 활기차게 테니스를 잘 치고 있는 모습을 머릿속에 그리며 '나는 테니스를 잘 친다. 즐겁게 열심히 운동할 것이다'라고 자기최면을 거는 것이다.

이처럼 무엇을 하든 간에 자기최면을 활용하면, 자신이 하고 있는 일에서 최대의 능력과 성과를 얻어 낼 수 있다.

제4장

집중력을 기르는
호흡의 길

호흡이야말로 바로 집중력을 기르는 지름길이다.

"어린 아기의 잠자는 모습을 보라. 아기의 호흡을 관찰하라.

숨이 들어가면 가슴이 나오는 것이 아니라 아랫배(단전)가 나온다.

이 때문에 어린 아기들은 가슴은 없고 오직 단단한 아랫배만 있다.

호흡이 들어오면 아랫배가 나왔다가 호흡이 나가면 아랫배가 들어간다.

오직 아랫배만이 움직이고 있을 뿐이다. 어린 아기는 그 자신의 중심축에 있다.

그들이 그토록 행복해 하는 것은, 그들이 그토록 축복에 찬 것은,

그들이 그토록 에너지로 가득 차 있는 것은,

그들이 결코 피로해 보이지 않는 것은 바로 이 때문이다. 그들은 언제나 넘치고 있다.

그들에게는 과거도 없고 미래도 없다. 언제나 '지금 여기 이 순간'에 살고 있다."

– 본문 중에서

4

집중력을 기르는 호흡의 길

나의 단전호흡 수련기

나는 대학교 2학년 때부터 단전호흡(참선)을 시작했다. 처음에는 『선(禪)으로 가는 길』 등 참선에 관한 책들을 연구하면서 혼자서 수련했으며, 이후 참선의 대가로 알려진 몇몇 스님을 찾아가 뵙고 내가 하고 있는 방법이 옳은 것인지를 검증받았다.

처음에는 막연히 정신을 맑게 하고 능력계발을 하겠다는 의도에서 시작한 참선이었으나 집중력이 높아지고 공부가 잘되고 건강이 좋아지고 피곤함을 잘 느끼지 않는 등 다양한 매력에 흠뻑 빠져서 하루라도 하지 않고는 못 배길 정도로 몰입했다. 요즘도 매일 아침이면 스포츠센터에서 약 한 시간 정도 요가를 한 후, 집에 와서 30분 정도 단전호흡을 한다. 단전호흡을 규칙적으로 할 뿐만 아니라, 평소에 생활하는 중에도 단전호흡을 해오고 있다.

책을 보면서도 단전호흡을 하고, 요가를 하면서도 단전호흡을 한다. 길을 걸을 때도 단전호흡을 하고, 심지어 스포츠센터 러닝머신 위에서 시속 6.5km 빠르기로 걷기를 하면서도 단전호흡을 한다.

문자 그대로 가거나, 머물거나, 앉거나, 눕거나, 말하거나, 침묵하거나, 움직이거나, 정지(行, 住, 坐, 臥, 語, 默, 動, 靜)할 때에도 단전호흡을 하려고 노력하고 있고, 실제로 거의 그렇게 하고 있다.

단전호흡을 오랫동안 생활화하고 있는 것은 무엇보다 호흡법 수련의 효과가 매우 크다는 것을 몸소 체험했기 때문이다. 그 효과에 대해서는 여기에 일일이 다 열거할 수 없을 정도로 많고, 넓고, 깊다. 단전호흡의 즐거움은 직접 수련해보지 않은 사람은 아무리 설명해도 알 수 없을 것이다. 개인적인 견해지만, 단전호흡법이야말로 최고의 수행법이라고 말할 수 있다.

"한 생각을 내면 천지만물이 창립되고, 한 생각을 쉬면 천지만물이 없어진다. 말을 하는 것은 부질없는 생각을 일으키는 것이며, 무심하려는 생각까지도 없이 무심하면 그것이 곧 해탈이다.

지금부터 다만 무심공부만 힘써 하되 밖으로 모든 인연을 딱 끊어버리고, 안으로 일체 망상을 쉬어버리면 이 마음 본래 그대로 청정할 것이다. 대상에 따라 흔들리지 않는 1의 마음은 곧 중(中)이며, 자연과 혼연일체가 된 마음이며, 천인(天人) 합일(合一)의 상태이다."

대학 시절에 책을 통해 접한 청담스님[1]의 말씀이다. 나는 이 글을 비망록에 적어두고 참선 수행의 기본으로 삼았다.[2]

참선의 기본은 단전호흡

우리나라 수도승들은 궁극적인 깨달음을 얻기 위해 1년 중 여름 3개월과 겨울 3개월 동안 이른바 하안거·동안거 참선을 수행한다. 오로지 깨달음 한 가지를 얻기 위해 삶을 송두리째 몰입하는 수도자의 삶은, 부럽기도 하고 치열하게 느껴지기도 한다.

아무튼 스님이나 명상가들이 수련하고 있는 이른바 참선(參禪)의 기본은 단전호흡이다. 불교에서는 단전호흡을 기본으로 하는 참선을 통하지 않고는 깨달음을 얻을 수 없다고까지 말한다.

호흡법은 깨달음을 얻는 등 고차원적인 정신수행에서만 강조되는 것이 아니다. 각종 무술과 호신술, 양궁, 사격, 레슬링, 육상, 마

---

[1] 청담스님(靑潭, 1902~1971): 조계종 초대총무원장을 지낸 승려로, 성철스님과 함께 우리나라 불교 정화 및 개혁을 이끌었다.

[2] 나의 구체적인 단전호흡 수련법은 뒤에 설명한다.

라톤 등 거의 모든 운동에서도 다양한 호흡법이 강조된다.

결론적으로 올바른 호흡법에 의하지 않고서는 정신적·육체적 상태를 최적화하거나 능력을 극대화할 수 없다는 것이 밝혀졌고, 이를 다양하게 활용하고 있는 것이다.

요점은 너무도 간단하다. 호흡만 제대로 해도 우리는 뛰어난 능력자가 되고, 건강한 사람이 되고, 매 순간의 삶 자체가 행복해질 수 있음을 명확히 알고, 당장이라도 실행에 옮겨야 한다는 것이다.

단순해 보이는 호흡이지만, 그 실상은 이렇듯 놀랍도록 중요한 것이다. 호흡을 어떻게 하느냐에 따라서 우리의 영혼과 정신의 경지와 능력이 달라지고, 신체적 건강상태가 달라진다.

단전호흡은 누구나 조금만 훈련하면 언제 어디서나 쉽게 할 수 있다. 마치 공기와 햇빛은 아무런 대가 없이 얻을 수 있기 때문에 그 중요성을 잊고 살듯이, 호흡은 누구나 하고 있는 것이기 때문에 올바른 호흡법의 중요성을 미처 깨닫지 못했고, 관심과 노력을 기울이지 않는 것인지도 모른다.

인류 역사상 가장 오래되고(最古), 가장 심오하여 최고(最高)의 명상서로 평가받는 라즈니쉬의 『명상비법』이 있다.

'호흡이야말로 바로 깨달음으로 가는 지름길'이라고 강조하는 그는 『명상비법』에서 총 112가지의 명상법을 제시하고 있는데, 그

중에서 1번부터 8번에 걸쳐 명상호흡법을 서술하고 있다. 단전호흡이나 참선 수련 경험이 없는 경우에는 쉽게 이해되지 않는 내용이겠지만 그 설명이 사뭇 '신비롭고 오묘하며 우주적'이어서 주요 내용만 간단히 소개한다.

1. 빛의 근원, 이에 대한 경험은 숨을 마시고 내뿜는 두 호흡 사이에서 시작된다. 숨이 들어오고 들어온 숨이 다시 밖으로 나가기 직전, 바로 거기가 축복으로 가득 찬 곳이다.

2. 숨은 배 밑 단전(丹田)에서 위쪽(콧구멍)으로 반원(半圓)을 그리며 회전한다. 그리고 다시 위에서 아래로 반원을 그리며 회전한다. 이 두 개의 회전점을 통해서 불생불멸(不生不滅)의 그 자리를 깨달아야 한다.

3. 숨을 마시고 내뿜는 그 찰나에 호흡은 에너지가 없으면서 에너지로 가득 찬 그대의 본질에 닿는다. 들어오는 호흡과 나가는 호흡의 결합 지점은 바로 그대 자신의 중심축이다. 그 중심축은 두뇌가 아니라, 바로 아랫배(단전)이다.

4. 숨을 완전히 내뿜은 채로 호흡이 멎었을 때 또는 숨을 마신 채로 호흡이 멎었을 때 호흡의 이 우주적인 중지 상태 속에서 소아(小我)는 사라진다. 그러나 마음이 아직 순수하지 못한 사람들에게 있어서 이는 어려운 일이다.

5. 미간(眉間)에 집중하라. 마음을 사념이 일어나기 전의 상태에 머물게 하라. 정수리까지 '호흡의 정(精)'으로 가득 차게 하라. 빛이 쏟아지듯 정수리로부터 호흡의 정이 쏟아지고 있다고 상상하라.

6. 일상 활동을 하면서 두 호흡 사이에 관심을 둬라. 이 수련을 계속하면 머지않아 그대는 다시 태어나게 되리라.

7. 미간에서 불가시적인 호흡의 정(精)은 잠드는 순간 가슴의 한가운데에 닿는다. 그리고 꿈의 세계를 넘어 죽음의 세계까지 넘어간다.

8. 최고의 숭배와 헌신으로 호흡의 두 교차점에 집중하라…. 그리고 〈아는자(the knower)〉를 알아라.

깨달음을 얻기를 원하는 스님들은 속세를 떠나 인적이 끊긴 깊은 산속에 들어가 수행을 한다. 그들은 평생을 세상과 단절하고 깊은 산속에서 맑은 공기와 자연 속에서 생활하기 때문에 그 생활 자체가 바로 수행이고, 깨달음에 이르는 길이라고 할 수 있다.

진리에 도달한다는 것, 깨달음을 얻는다는 것은 정신상태가 모든 것을 있는 그대로(진면목) 볼 수 있는 경지에 도달하는 것을 의미한다. 그러한 경지에 도달하기 위해서는 사마타 수행이나 위빠사나 수행이 필요하며, 이러한 수행법의 기본이 바로 단전호흡인 것이다.

단전(丹田)이란

이 우주와 인간 및 모든 물질에는 전기상태의 에너지가 존재한다. 이것이 대자연을 움직이고 인간을 위시한 모든 물질을 존재하게 하는 힘의 원천인 생체에너지다. 이러한 생체에너지를 기(氣)라고 한다.

우리는 호흡을 통해서 우주 공간에 있는 천기(天氣)를 흡수하고, 먹는 음식과 땅과의 접촉을 통하여 지기(地氣)를 얻으며, 이러한 기를 흡수하고 접촉함으로써 살아가는 생명의 에너지를 확보한다. 천기, 지기, 기운, 기분, 원기, 용기, 기색 등의 단어가 바로 기를 다양하게 표현하는 말이다.

단전(丹田)은 '기운의 밭'이라는 뜻으로 힘의 원천이자 생체에너지인 기(氣)의 기운이 생기고 모여 생명의 근원적인 힘으로 작용하는 중심자리다.

우리는 건강한 사람을 혈기(血氣) 왕성한 사람이라고 한다. 피(血)는 우리의 물리적인 조직을 유지하는 것으로 심장의 박동을 통하여 온몸에 순환하는 것이고, 기(氣)는 우리의 생체에너지인데, 단전은 그러한 기를 합성하고 저장하고 순환시키는 장소다.

인체에는 모두 일곱 개의 단전[3]이 있는 것으로 알려진다. 그 가운데서 가장 중심적인 역할을 하는 곳이 하단전이다. 하단전은 배꼽 밑 5cm 되는 곳에서 다시 배 안쪽으로 5cm쯤 되는 곳에 위치한다. 한의학에서는 이 부근을 가리켜 '기의 바다' 즉, 기해(氣海)혈이라 부른다.

호흡은 코를 통해 공기가 폐 속으로 드나드는 것을 의미한다. 단전호흡은 공기가 폐의 가장 깊은 곳인 폐저(肺底)까지 드나들도록 깊은 호흡을 하는 호흡법인데, 호흡을 깊게 함으로써 공기 속에 들어 있는 산소를 충분히 받아들인다. 동시에 우주적 에너지인 기(氣)를 단전 부위에 드나들게 하여 이를 축적하거나 온몸으로 순환시키는 호흡법인 것이다.

단전호흡은 복식호흡처럼 숨을 내쉬면 배가 쑥 들어가고, 들이쉬면 배가 불룩하게 나오게 하는 방식으로 호흡한다. 이렇게 호흡함으로써 호흡하는 공기량이 최대한이 되게 하고, 호흡을 할 때 일어나는 기(氣)를 배꼽 아래 하단전(下丹田)까지 깊게 가게 만든다.

물론, 단전호흡이라고 해서 단전이나 아랫배로 숨을 쉬는 것은

---

3) 몸 안에 있는 세 개의 내(内)단전[상단전(뇌), 중단전(심장), 하단전(하복부 내)]과 손바닥 중앙의 장심혈 두 개, 발바닥의 용천혈 두 개 등, 외(外)단전 네 개가 그것이다.

아니다. 숨은 폐로 쉬는 것이다. 그런데 폐는 근육이 없기 때문에 스스로 숨 쉬는 운동을 할 수가 없고, 늑골(갈비뼈)과 횡경막(가슴과 배를 나누는 얇은 막)이 위아래로 움직임으로써 폐가 호흡할 수 있는 것이다.

단전호흡을 하게 되면 횡경막이 위아래로 움직인다. 숨을 내쉬면 횡경막이 최대한 폐 쪽으로 올라붙어 폐가 쪼그라들면서 폐 속에 있는 공기가 외부로 밀려나간다. 반대로 숨을 들이쉬면 횡경막이 밑으로 내려가 가슴 안의 용적이 아래쪽으로 밀려나면서 배가 나온다.

이처럼 횡경막 운동이 이루어지고, 이러한 횡경막의 운동은 바로 밑에 위치하고 있는 이른바 태양신경총[4]을 자극함으로써 단전호흡은 자율신경을 비롯한 신경계 활동과 오장육부 기능의 활성화를 촉진한다.

단전호흡을 반복하면 횡경막 근육을 강화시켜주며, 강한 복압이 생겨 호흡을 스스로 조절할 수 있게 된다. 이러한 호흡 기능 조절을 통해 자율신경계에 의한 기계적 호흡을 자신의 의지에 따라 이상적인 호흡 형태로 개선할 수 있는 것이다.

---

4) 태양신경총(太陽神經叢): 배꼽 아래 뱃속에 위치한 주요 장기와 신경으로 연결된 그물눈 모양의 자율신경집합체. 명상가들 중에는 "태양신경총은 우주의 위대한 진리를 받아들이고 이해하고 깨닫는 기관"이라고 주장하는 이들도 있다.

여러 가지 호흡법

호흡은 숨 쉬는 행위다. 내쉰 다음(呼) 들이마셔야(吸) 하는 것이기 때문에 호흡(呼吸)인 것이다. 이때 들이마신(吸) 다음에 내쉬는(呼) 것이 아니라는 점에 주목해야 한다.

내쉰 다음 들이마시는 것과 들이마신 다음 내쉬는 것, 대수롭지 않게 여길 수도 있을 것이다. 하지만 둘 사이에는 엄청난 차이가 있다. 비운 다음에 채우는 것이 자연의 이치다. '호흡'이 맞고 '흡호'가 아닌 것이다.

우리 몸 안의 탁한 이산화탄소 등 부정적이고 소극적이고 피곤에 물든 생각들이 배어 있는 죽은 공기를 먼저 모두 내보낸 다음 이 우주에 충만한 생명력이 담긴 신선하고도 맑은 공기를 들이마시는 것, 그것이 바로 진정한 의미의 호흡인 것이다.

그리고 호흡은 깊이에 따라 네 가지로 분류된다.

- 폐첨(肺尖)호흡: 어깨만 들썩이며 얕게 하는 호흡으로 보통 사람들은 대부분 이런 호흡을 하고 있다.
- 흉부(胸部)호흡: 가슴으로 하는 호흡으로 숨을 내쉬면 가슴이 좁아지고, 들이쉬면 가슴이 넓어지며 배가 들어가는 것 같은 느낌이 드는 호흡이다.

- 복식(腹式)호흡: 이것은 흉부호흡에 대비되는 말로 숨을 내쉬면 횡경막이 위로 올라가면서 배가 쏙 들어가고, 들이쉬면 횡경막이 아래로 내려가면서 배가 불룩하게 나오도록 하는 호흡이다.
- 단전(丹田)호흡: 기본적으로는 복식호흡과 유사하나 복식호흡보다 더 차원이 높은 호흡으로 가장 이상적인 호흡방식이다. 복식호흡이 배 전체가 들어갔다 나갔다 하는 데 비해, 단전호흡은 배꼽 아랫부분(단전 부분)만 들어갔다 나왔다 한다.

일반적인 호흡과는 달리, 단전호흡은 단순히 공기만 호흡하는 것이 아니다. 공기의 흡입 과정을 통해 신체의 기(氣)를 인간의 중심 한복판에 있는 생명의 원천인 단전(丹田)까지 깊게 가게 하는 것이다. 즉, 복식호흡에서 한걸음 더 나아가 기(氣)의 통로인 경락과 경혈을 자극해 기를 순환시키는 호흡법이다.

한의학에서는 질병 치료 수단으로 경혈과 경락을 자극하기 위해 침이나 뜸을 놓지만, 단전호흡은 오로지 호흡을 통해 경혈과 경락을 자극하거나 기를 순환시킨다. 놀랍고도 신비한 일이 아닐 수 없다.

호흡은 숨결의 상태에 따라 다시 네 가지로 분류된다.

- 풍(風): 바람소리처럼 숨결이 거칠게 소리 나는 호흡.
- 천(喘): 색색거리는 숨소리가 들리는 호흡.

- 기(氣): 숨소리도 나지 않고, 가쁘지도 않고, 숨도 고른 호흡이지만 아직 그 호흡의 깊이와 질에서 더 개선이 필요한 호흡.

- 식(息): 모태에 있는 태아는 아직 호흡기관이 생기기 전이므로 온몸으로 호흡을 하는데, 이런 호흡방식을 태식(胎息)이라고 한다. 그리고 마치 태식처럼 온몸으로 하는 호흡을 식(息)이라고 부른다.

식호흡의 특징은 정(靜), 면(綿), 심(沈), 장(長), 유(悠), 완(緩), 세(細), 균(均)의 여덟 가지로 표시할 수 있다. 코털이 흔들리지 않을 정도로 조용하고 끊어지지 않고 깊고 길고 부드럽고 느리고 가늘고 고르게 단전까지 이르도록 깊고 길게 하는 호흡법이다.

식호흡이 일정한 경지에 이르면 실제 호흡을 하고 있지만 호흡을 하고 있는지 하고 있지 않은지 분간할 수조차 없게 되는데, 바로 이 단계가 완성된 식호흡이며 가장 이상적인 호흡법으로 알려진다.

호흡은 이렇게 8자(정-면-심-장-유-완-세-균)의 형태로 해야 한다. 아무런 힘이 들어가지 않아 호흡을 하고 있는지, 하고 있지 않은지 분간할 수가 없을 정도로 자연스럽게 해야 한다.

손쉬운 단전호흡법

오랜 참선의 경험을 바탕으로 누구나 손쉽게 할 수 있는 단전호흡법을 소개하고자 한다.

일단 단전호흡이나 참선을 제대로 하려면 장소, 시간, 복장, 방석 등 준비물을 어느 정도 갖추고 하는 것이 바람직하다. 특별한 장소나 시간이 필요한 것은 아니지만, 장소는 가능하면 조용하고 마음 놓고 좌선할 수 있는 홀로 있을 수 있는 곳이 좋다.

밤에는 너무 어둡지 않고, 낮에는 너무 밝지 않도록 조명을 조절한다. 시간은 저녁때나 새벽이 좋지만, 가능하다면 적당한 시간을 정해 매일 하루도 빠지지 말고 꾸준히 수련하는 것이 좋다.

운동을 본격적으로 시작하기에 앞서 준비운동을 하듯이 단전호흡에도 준비단계가 필요하다.

먼저 단전호흡을 한다는 것을 의식하지 말고 편안한 마음으로 평소처럼 호흡을 한다. 그리고 호흡을 통해 공기가 코를 통하여 나가는 것과 들어오는 것, 그리고 이에 따라 가슴이 움직이는 것 정도만 느끼고 알아차리는 것이다.

지금 자기가 하고 있는 호흡, 즉 내쉬고 들이마시고 있는 숨결 외에 다른 생각을 하지 말고, 들어오고 나가는 자신의 숨결의 흐름에만 정신을 집중하고, 그 나가고 들어오는 것을 인식하고 느끼기만 하면 된다.

그것만으로도 저절로 호흡이 안정되고 이에 따라 심신이 편안해지며, 심신이 편안해지면 호흡은 더욱 안정되고 깊어진다. 이렇게 호흡을 느끼고 알아차리는 것만으로도 호흡과 마음과 몸이 일체가 되어간다.

자연의 원리는 비우면 채워지는 것이다. 웅덩이가 비어 있으면 자연히 주위의 물이 들어와 채워진다. 마찬가지로 폐에 있는 공기를 완전히 비워버리면 텅 빈 폐와 밖의 공기와의 기압차 때문에 자연적으로 단전이 앞으로 나오면서 빈 단전(실제는 폐)에 서서히 새로운 공기가 들어와서 채워진다.

단전호흡법의 기본은 먼저 폐의 공기를 천천히 끊어지지 않게 자연스럽게 내보내는 것이다. 마치 풍선에 가득 찬 공기를 작은 구멍을 통해 서서히 조금씩 내보는 것처럼 단전부터 코끝까지 공기를 서서히 가늘고 끊어지지 않게 내쉰다.

이어서 폐가 비면 자연스럽게 새로운 공기가 몸속으로 들어오게 되는데, 이때도 천천히 끊어지지 않게 자연스럽게 들어오게 하는 것이다.

마치 관을 통해서 공기를 들여보내는 것처럼 빈 웅덩이에 주변에 있던 물이 스며들어 채우듯이 숨소리가 나지 않게 천천히, 가늘고 끊어지지 않게 들이마신다.

이때 주의할 점은 내뿜는 숨을 길게 해야 하므로(출장식) 들이마시는 숨이 빨라질 수 있는데, 그렇게 되지 않도록 들이마시는 숨도 내쉬는 숨처럼 소리 나지 않게 가늘고 끊어지지 않게 천천히 깊게 들이마셔야 된다.

위와 같이 기본원리에 따라 자연스럽게 호흡을 실시하면서 다만 호흡하는 모든 과정을 느끼고 의식하기만 하면 훌륭한 단전호흡이 된다.

요컨대 가장 손쉬운 단전호흡법은,

- 먼저 의식을 가볍게 단전에 모으고(단전에 정신을 집중하라는 것이 아니라 그냥 단전의 존재를 가볍게 의식하는 것이다),

- 공기가 가득 차서 풍선처럼 부풀어 있는 단전(배꼽 밑 부분)을 천천히 등 뒤쪽으로 밀어 넣으면 마치 풍선에 가득 찬 공기를 작은 구멍을 통해 서서히 조금씩 천천히 내보는 것처럼 공기가 배출되고,

- 단전이 등짝에 붙는 것처럼 배가 들어가서 몸 안의 공기가 다 나간 후, 자연스럽게 2~3초 쉰 다음(지식), 텅 빈 폐와 밖의 공기와의 기압차 때문에 자연적으로 단전이 앞으로 나오면서 빈 단전(실제는 폐)에 공기가 서서히 조용히 가늘고 끊어지지 않게 들어오게 하는 것이다.

단전호흡법은 누구나 쉽게 할 수 있는 호흡법이다. 결코 어려운

일이 아니다. 단전호흡의 수련은 언제, 어디서, 무엇을 하든 간에 할 수 있고, 정말 유익한 것이므로 반드시 해야 할 필요가 있다.

조용한 장소와 시간에 홀로 단전호흡만을 수련할 수 있으면 가장 이상적이지만, 길을 걸을 때도, 운동을 할 때도, 공부를 할 때도, 업무를 볼 때에도, 때와 장소와 하는 일에 관계없이 단전호흡을 할 수 있고 반드시 해야 한다. 다만 상황에 따라서 그 호흡의 질과 방법에 차이가 날 수는 있다.

나의 단전호흡 수련법

이해를 돕기 위해 내가 실제로 수련하고 있는 호흡법을 소개한다.

새벽에 일어나면 먼저 맨손체조로 몸을 가볍게 푼 후 세수를 한다. 이후 방석 위에 결가부좌를 하고 앉은 후, 몸을 전후좌우로 2~3회 흔들어 안정된 자세를 취한다.

1. 먼저 3~4회 크게 숨을 내쉬고 들이마신다. 그리고 본격적으로 단전호흡을 시작한다.
2. 천천히 단전을 등 뒤로 밀면서 숨을 내쉰다. 조용하고 끊어지지 않고 깊고 길고 부드럽고 느리고 가늘고 고르게(정-면-심-

장-유-완-세-균)숨을 쉰다.

3. 숨을 다 내쉴 때쯤 2~3초 정도 호흡을 멈춘다(지식). 마치 앞으로 가다가 뒤로 돌아설 때 잠시 정지하듯 지식을 실행한다.

4. 이어서 숨을 들이마신다. 이때 코끝으로 숨을 들이마시는 것이 아니라, 숨을 깊게 내쉼으로써 등 쪽으로 쑥 들어간 배(단전 부분)가 천천히 앞으로 나오게 한다. 그 결과 자연스럽게 들이마시는 공기가 단전까지 깊숙이 들어오는 것처럼 조용하고 끊어지지 않고 깊고 길고 부드럽고 느리고 가늘고 고르게 (정-면-심-장-유-완-세-균) 숨을 들이마신다.

5. 단전에 호흡이 가득 차면 잠시 그 호흡을 그대로 놔둔 채 멈춘 상태를 3~4초간 잠깐 유지하는 지식(止息)을 한다.

처음 단전호흡을 수련하기 시작할 때는 '날숨-(지식)-들숨-(지식)-날숨'의 순서로, 날숨을 6~8초 정도, 들숨을 5~6초 정도 했다.

지식은 숨을 다 내쉰 후 바로 들이마시지 않고 2~3초간 잠깐 호흡을 멈추고(지식), 또 들이마신 후 바로 내쉬지 않고 3~4초간 잠깐 호흡을 멈추었다(지식).

시계의 초침소리를 세면서 호흡을 처음에는 6~8초에 걸쳐 천천히 내쉰 후 4~5초에 걸쳐 들이마셨다. 그리고 지식은 마치 걷다가 방향전환을 180도 할 때 잠깐 쉬듯이 내쉬고 들이마시는 호흡의 끝자락에 2~4초 정도 했다.

내가 약 8초 동안 내쉬고 약 5초 동안 들이마시며 그 사이에 약 2~3초 동안 두 번 숨을 멈춘다면, 결국 한 번 호흡하는 데 약 17초가 걸리는 셈이다. 그렇게 1분에 3.5회 정도의 호흡을 했다.

이후 숙련된 후에는, 날숨을 14~16초, 들숨을 8~10초, 지식을 날숨과 들숨이 끝나는 시점에서 3~4초 정도의 비율로 하여 이제는 1분에 약 2회 정도 호흡을 하고 있다.

이렇게 호흡의 길이가 날숨이 14~16초, 들숨이 8~10초 등으로 일정하지 않은 것은 호흡에 아무런 힘을 들이지 않고 자연스럽게 하기 위해서이다.

만약 날숨의 길이를 14~16초가 아닌 14초 또는 16초 등으로 특정해놓고 거기에 맞춰서 호흡을 하게 되면, 자연히 힘이 들어가서 자연스런 호흡을 할 수 없게 된다.

단전호흡을 처음 수련할 때는 시계의 초침소리를 세는 수식관(數息觀)의 방법으로 했다. 그 이후 수련이 깊어진 후로는 호흡의 흐름에 따라 의식도 흘러가는 수식관(隨息觀)으로 하였으며, 지금은 거의 호흡 자체를 의식하지 않고 하는 비사량(非思量)의 방법으로 단전호흡을 하고 있다.[5]

---

5) 수식관, 비사량 등 호흡방식은 뒤에서 설명한다.

호흡, 생명 그 자체

호흡이 없으면 생존은 불가능하다. 인간은 물만 먹고 40일을 살수 있고, 물조차 먹지 않고는 7일간을 살 수 있다고 한다. 그러나 호흡을 하지 않고는 단 3~4분도 견딜 수 없다.

우리는 호흡(숨)을 할 때 살아 있는 것이고, 호흡(숨)이 그치면 죽는 것이기 때문에 우리는 생명을 '목숨'이라고 부른다. 즉, '목숨'이라는 말은, 호흡을 폐 속 깊이까지 하지 못하고, 목에서 할딱거리는 숨을 쉬게 될 때, 즉 극히 옅은 호흡을 할 때 죽게 된다는 것을 의미하기도 한다.

인도에서는 호흡을 생명력, 활동력이라는 두 가지 뜻을 지닌 프라나(prana)라고 부른다. 우리가 움직이며 살아 있다는 것은 곧 호흡을 하고 있는 것이고, 호흡 그 자체는 바로 생명이라는 것이다.

불가(佛家)에서는 삶을 가리켜 '호흡지간(呼吸之間)'이라고 말한다. 날숨과 들숨이 이어지는 순간이 바로 삶이라는 이야기다. 우리의 생존 자체가 실제로는 호흡의 연속성을 의미한다는 것이다.

이처럼 호흡은 우리 안에서 쉼 없이 움직이면서 우리의 영혼, 마음과 신체 등 우리 존재의 모든 것, 즉 마음상태(평안, 불안, 걱정, 근심, 스트레스 등)와 신체상태(건강, 활력, 기능적 능력 등)에 결정적인 영향을 미친다.

호흡을 제대로 하면 정신이 안정되고 마음이 편안해지고 넓어진다. 더 깊숙이 들어가면 우리가 보통 인식하는 공간적·시간적 제약에서 벗어나 자유롭고 즐거운 느낌이 이어진다. 우리의 정신적·신체적 상태가 최적의 상태가 되고, 그 능력이 극대화된다.

그리고 어느 순간 시간의 흐름이 전혀 느껴지지 않는데, 이런 자유로운 상태를 심리학에서는 '베르그송 시간 개념'[6]이라고 부른다. 이렇게 단전호흡을 하면 시간적인 제약을 뛰어넘어 무한한 자유와 활력을 얻게 되는 것이다.

"어린 아기의 잠자는 모습을 보라. 아기의 호흡을 관찰하라. 숨이 들어가면 가슴이 나오는 것이 아니라 아랫배(단전)가 나온다. 이 때문에 어린 아기들은 가슴은 없고 오직 단단한 아랫배만 있다. 호흡이 들어오면 아랫배가 나왔다가 호흡이 나가면 아랫배가 들어간다. 오직 아랫배만이 움직이고 있을 뿐이다. 어린 아기는 그 자신의 중심축에 있다. 그들이 그토록 행복해 하는 것은, 그들이 그토록 축복에 찬 것은, 그들이 그토록 에너지로 가득 차 있는 것은, 그

---

6) 앙리 베르그송(Henri Bergson, 1859~1941) 프랑스의 철학자. 베르그송은 일상적 용어인 '시간'과 구별하여 '지속'이란 개념으로 시간을 설명한다. 근대과학에서 '시간'은 일정한 점들이 이어진 '궤적'으로 표현되고 측정된다. 문제는 과학자가 측정하는 선, 즉 시간은 최소한 그것을 재고 있는 동안만큼은 움직이지 않아야 하는데, 베르그송은 시간은 흐름이기에 이러한 가정 자체가 비논리적이라고 주장한다.

들이 결코 피로해 보이지 않는 것은 바로 이 때문이다. 그들은 언제나 넘치고 있다. 그들에게는 과거도 없고 미래도 없다. 언제나 '지금 여기 이 순간'에 살고 있다."[7]

『명상비법』의 저자 B. S. 라즈니쉬의 말이다. 단전호흡을 통해 '바로 지금 그리고 여기'에 100% 집중하는 삶을 살 수 있고, 뛰어난 능력자로서 살 수 있음을 강조하고 있다.

정신응용학의 권위자이자 '마인드 컨트롤(Mind-control)'의 창시자인 호세 실바 박사 역시 단전호흡의 중요성을 설파하고 있다. 즉 단전호흡 등을 통하여 심신을 이완시키고 뇌파를 저주파 상태로 만들면, 뇌의 능력을 수십 배 더 활용할 수 있다는 것이다.

단전호흡 등 명상에 의하여 뇌파가 알파 상태가 되면 혈압이 내려가고, 호흡이 조용해지고, 가늘고 길게 가라앉는 상태가 되면서 온몸에서 힘이 빠지고, 정신이 고요해지고, 고도의 집중상태가 된다.

일본의 선승(禪僧) 경산대선사는 아래와 같이 단전호흡(참선)이 우주와 인간의 소통 통로라는 점을 강조하고 있다.

"참선은 최고의 운동이다. 즉, 우리의 세포 하나하나를 축전지라고 생각하면, 참선은 수십억 개의 세포 축전지를 충전하는 것과 같

---

7) B. S. 라즈니쉬, 석지현 옮김, 앞의 책, 57쪽

다. 이 원동력은 우주의 기(氣)다. 따라서 참선은 저 광활한 대우주와 소우주인 우리의 신체를 서로 연결하여 우주끼리 합일(合一)·동화(同化)·통창(通暢)하는 수행법이다. 그리고 인간의 질병은 이와 같이 대우주의 영기(靈氣)가 서로 통하지 못하는 데서 일어난다."

단전호흡의 효과

일반적으로 알려진 단전호흡(丹田呼吸)의 효과는 대략 다음과 같다.

① 정신·신체의 이완과 최상의 능력을 발휘하게 한다.
② 뇌세포의 활성화를 촉진한다.
③ 혈액순환의 촉진 등 건강을 증진시켜준다.
④ 자율신경을 안정시켜준다.
⑤ 잠재의식을 통제하는 기능을 통해 능력을 강화할 수 있다.
⑥ 정신과 신체, 신체의 각 기관과 조직, 자신과 우주를 연결하고 작용하는 역할을 함으로써 능력과 건강을 증대시켜준다.

정신응용학의 권위자로서 마인드 컨트롤 기법의 창시자인 호세 실바 박사는 오랜 연구결과, "단전호흡 등을 통하여 심신을 완전히 이완시켜 마음의 스트레스 등 응어리를 제거하면 뇌가 고도의 능력을 발휘할 수 있다"라는 사실을 발견했다.

이에 따라 단전호흡이나 마인드 컨트롤 기법[8]을 이용하여 뇌파 14Hz 이하의 초저주파(알파파 등)상태를 계속 유지하도록 함으로써, 뇌의 힘을 수십 배 혹은 수백 배까지도 활용할 수 있음을 실증했다.

뇌생리학적 연구결과에 따르면 공부를 할 때 성적이 좋은 학생의 뇌파는 초저주파인 알파파가 많이 나타나지만, 그렇지 못한 학생에게선 대부분 고주파인 베타파가 우세한 것으로 나타났다.

이렇게 단전호흡과 정신집중을 생활화하면 정신과 신체가 이완되고 집중력이 높아짐으로써 뇌파가 뇌기능을 최대로 활성화하는 초저주파(알파파 등) 상태가 되어 기억력, 창조력 등 정신능력이 최적화·극대화 상태가 되는 것이다.[9]

---

8) 나는 대구지방법원의 판사 시절 마인드 컨트롤 수련을 하였는데, 그 주된 기법은 단전호흡과 이미지 트레이닝을 통한 심신이완과 정신집중력을 기르는 것이다.

9) 하루야마 시게오, 박해순 옮김, 앞의 책, 156쪽 및 장현갑, 『마음 vs 뇌』, 불광출판사, 2009, 204쪽.

뇌세포 활성화 및 건강 증진

평균적인 사람의 뇌는 약 1,350g이고, 일반적으로 뇌에는 180~200억 개의 세포가 있는데, 청소년기에 완성되고 25세경부터 매일 10만 개 정도씩 죽어간다고 한다. 예전에는 뇌세포가 죽으면 재생이 불가능한 것으로 알려졌으나, 최근에 미국 스탠포드 의과대학 정신과 교수들에 의하여 새로운 사실이 밝혀졌다.

심신이 이완되어 마음이 평안하거나 사랑의 감정에 충만한 상황에 놓이면 우리 몸에 뇌세포를 재생하는 엔도르핀, 다이돌핀, 도파민, 세로토닌 등 신경재생호르몬이 분비되며, 이들은 뇌세포 감소 예방 및 재생과 활성화를 촉진한다.[10]

반대로 우리가 정신적 신체적으로 스트레스를 받으면 뇌로부터 '아드레날린'이라는 호르몬이 분비되고, 동시에 나쁜 호르몬인 '코티손' 분비가 촉진된다. 이 '코티손' 호르몬이 많이 분비되면 뇌세포가 파괴되고, 정신적·신체적으로 능력이 떨어지며, 이로 인해 공부나 일에 대한 열의도 생기지 않는다.

단전호흡은 신체적으로 순환계통에도 영향을 준다. 즉, 혈액순환을 원활하게 만들어 주고 심장과 장기의 혈액공급을 촉진한다.

---

10) 하루야마 시게오, 박해순 옮김, 앞의 책, 89, 91쪽 및 박희선, 『생활참선』, 정신세계사, 2002, 99쪽.

단전호흡을 하면 피로감을 거의 느끼지 않는 것이 바로 이런 점 때문이다.

피로가 쌓였다 해도 회복이 놀랍도록 빨리 이뤄져 항상 활력이 넘치는 상태를 유지할 수 있다. 덩달아 성격도 능동적·적극적·긍정적으로 변하며 질병에 대한 자연치유력이 극대화된다.

또 생체적으로 콜레스테롤을 감소시켜 심장병, 뇌졸중 등 심혈관 계통의 병을 예방해 준다. 또한 단전호흡을 꾸준히 해 주면 혈관이 이완되어 혈압이 내려가는 등 만성고혈압 치료에도 효과가 있는 것으로 알려지고 있다.

단전호흡은 심신을 이완시켜 뇌의 긴장상태를 해소하고, 뇌파를 활성화함으로써 자율신경을 안정시킨다.

자율신경이 안정되면 자율신경계의 지배를 받는 신경계와 장기의 기능이 안정되고, 세포에 활력을 주며, 백혈구의 생성 속도가 높아지고, 손상된 조직의 회복 속도가 빨라지는 등 인체 기능이 활성화되고 면역기능이 강화된다.

한의학적으로는 위로 치솟는 화기를 진정시켜주고, 아랫배 쪽으로 따뜻한 온기를 내려보내 신체균형을 바로잡아 건강하게 하는 원리인 이른바 '수승화강(水昇火降)'의 기능도 강화된다.

단전호흡은 다이어트에도 도움을 준다. 세포 내의 신진대사를 활발하게 만들어 체지방을 감소시켜주기 때문이다. 한 시간 정도의 단전호흡은 걷기 25분, 자전거 타기 35분을 한 것과 같은 양의 에너지를 소모한다고 한다.

삼성서울병원 심장혈관센터 홍경표 교수팀은 단전호흡이 건강에 미치는 효과에 대한 연구결과, 건강증진에 긍정적 기능이 있음을 밝혀냈다.

연구팀은 평균 9.6년간 수련한 단전호흡 전문가 20명(남성 11명, 여성 9명)과 일반인 20명을 서로 비교한 결과, 단전호흡이 혈액순환을 촉진해 온몸의 세포에 산소와 영양분을 더 많이 공급하도록 한다는 사실을 규명했다.[11]

우주(宇宙)와의 교감

호흡을 통해 몸에 들어온 공기(산소)는 피와 함께 신체 각 기관을 넘나들면서 양분을 공급하고 생존에 필요한 산소를 공급하고 노폐물로 발생한 이산화탄소를 배출해낸다. 이렇게 호흡은 몸 안에서 나의 정신적 주체인 '참나'와 육체적 기관인 폐 사이를 오가고 있다.

---

11) 『중앙일보』, 2012. 3. 12자, 32면.

호흡은 내 안에서 정신과 신체, 신체의 각 기관과 조직을 넘나들면서 서로 소통하고 의존하며 활동하게 하는 역할을 한다. 또 호흡은 나와 나 밖의 대자연과의 사이를 연결해준다. 나는 호흡을 통하여 제한적인 존재인 나를 벗어나 직접적으로는 산소를 위시한 유익한 공기를 취하고, 넓게는 우주에 충만한 영기를 취하면서 우주와 교감한다.

호흡을 통하여 몸 밖(우주)에서 단순히 공기만을 들이마시는 것이 아니라, 기(氣)라고 통칭되는 우주의 에너지를 몸으로 끌어들이는 것이다.

우주와의 교감을 통하여 나의 제한된 육체의 모든 것들, 낱낱의 세포나 모발 하나하나까지 모두 무한하고도 신비한 이 우주의 한 부분이 되고 우주 전체가 되어 영생과 영원의 존재로서 승화되는 것이다.[12]

결국 단전호흡을 한다는 것은 호흡의 기능을 최적화·극대화시켜 내 몸에서 정신과 신체 사이, 신체의 각 기관과 조직 사이, 나 자신과 우주 사이를 건전하고 올바르게 연결하는 것을 의미한다.

그것은 단순히 공기를 우주와 우리 몸 사이에서 왕래하게 하는 것만이 아니라, 생명의 원천이고 대자연의 에너지의 원천인 기(氣)

---

12) B. S. 라즈니쉬, 석지현 옮김, 앞의 책, 45쪽.

와 일체가 되고, 그 기를 받아들여서 우리의 몸 안에서 운행시키는 것이다.

단전호흡을 통해 아무리 호흡을 깊이 하더라도 실상 내쉬고 들이마시는 공기는 코끝에서 폐의 깊은 곳까지만 들어왔다가 나가는 것이다.

그렇지만, 호흡을 폐가 아닌 단전까지 공기가 들고 나는 것처럼 생각(觀)함으로써 공기 속에 가득 차 있는 생명에너지인 우주의 기(氣)는 실제 단전까지 왕래하게 된다.

단전호흡은 축복이다

호흡법은 호흡을 하는 동안에는 온 정신을 오직 숨 쉬는 것에만 집중하는 것이다. 호흡법이 중요한 것은 호흡법이 '바로 지금 그리고 여기'에 몰입할 수 있는 능력을 기르는 가장 효과적이고 간편한 방법이기 때문이다.

예컨대 명상을 하거나 공부나 사무를 보는데, 온갖 잡념(분별심이나 망상)이 일어나서 집중을 방해할 때가 있다.

이때 잡념을 멈추기 위해서는 단지 '정신을 집중해야겠다' 혹은 '잡념을 버리겠다'는 결심만으로는 부족하다. 왜냐하면 그 의지나 결심도 또 다른 잡념에 불과하기 때문이다.

이러한 잡념을 떨쳐내려면 온 마음을 집중시킬 대상이 필요하다. 조용한 사찰이나 선원에서 참선을 할 때는 공안(公案)을 참구하면 되고, 수도원이나 기도실에서는 깊은 묵상과 기도를 하면 된다.

물론 조용한 수도원이나 기도실 또는 도량에서 깊은 수행을 하고 있는 중에도 망상이 일어날 수 있고, 실제 그러한 망상이 죽 끓듯이 일어나는 것이 보통이다. 더구나 일상의 공간에서 공부, 사무, 산책 등 일상적인 생활을 할 때 '지금·여기'에 100% 집중한다는 것은 결코 쉬운 일이 아니다.

이렇게 제대로 집중하지 못할 때, 우리는 호흡법을 통해 아주 손쉽고 효과적으로 '지금·여기'에 집중할 수 있다. '지금·여기'에 집중하지 못하고 있다는 것을 인식하거나 느낄 때, 바로 단전호흡을 실시해 호흡에 온 정신을 집중하는 것이다.

코끝에서 단전까지 오르내리는 호흡의 숨결에 내 의식이 집중되면 자연히 다른 잡념이 사라지고, 오로지 호흡을 느끼고 의식하는 정신만 남게 된다.

단전호흡은 길에서도, 차 안에서도, 방에서도, 밖에서도, 감옥에서도, 넓은 들판에서도, 운동장에서도, 직장에서도, 학교 교실 등 그 어느 곳에서든 장소에 아무런 구애를 받지 않고 실행할 수 있다.

또한 공부할 때도, 일할 때도, 운동할 때도, 애인과 데이트할 때도, 걸을 때도, 싸울 때도, 잠잘 때도, 의자에 앉아서도, 서서도, 그 어떤 상황에서도 할 수가 있다.

구체적인 예를 들어서 설명해보겠다.

내가 지금 누구에게 무섭게 화를 내고 있다고 하자. 이때 화를 내고 있는 나에게서 벗어나기 위해 화를 참아야 한다고 다짐하지 말고, 화를 내고 있는 자신이 잘못했다고 반성하지도 말고, 어떤 감정을 드러내는 생각이나 판단을 하지 말아야 한다.

그렇게 이런 생각, 저런 생각을 하면 계속 화난 감정을 떠나지 못하고 거기에 더하여 '화를 낸 사실'과 관련하여 여러 가지 망상이 일어나 시달리기 때문이다.

이때 일체의 다른 생각을 멈추고 즉시 단전호흡에 들어간다. 단전호흡을 시작하면 바로 정신과 마음이 호흡에만 집중되기 때문에 즉시 그 직전의 상태와 단절되고, 나는 오로지 호흡하는 존재로서만 남아 있게 된다.

진실로 온전히 호흡하는 까닭에, 온 영혼과 정신과 신체는 전인적으로 호흡에 100% 몰입하게 되고, 그 이전의 자신의 상태였던 분노와는 완전히 단절하게 된다. 그리고 마침내 화를 불러온 대상과도 완전히 단절되어, 오직 '지금·여기'와 일체화되어 있는 '참나'만 존재하게 되는 것이다.

호흡에 정신을 집중함으로써, 자기의 의식이 '분노'로부터 떠나 내쉬고 들이마시는 호흡으로 옮겨 가는 것이다. 이렇게 한동안 호흡에 집중하다 보면 분노의 감정이 눈 녹듯 사라지고, 영혼과 마음과 신체가 편안해지며, 정신은 아주 맑고 활동적인 상태에 놓이게 된다.

천천히 호흡을 하면서 그 호흡에 의식을 집중하기만 하면 되는 단전호흡. 누구나 마음만 먹으면 언제 어디서나 손쉽게 할 수 있는 호흡법이 최고의 수행법이라는 것은 얼마나 큰 축복인가.

모든 것을 잊어버리고 다만 들락거리는 공기의 흐름만을 주시하는 것이다. 호흡이 들어올 때는 공기가 콧구멍에 닿는 것을 느끼고, 이어서 의식이 호흡과 함께 콧구멍에서 단전 쪽으로 내려가는 것이다.

결코 단 한순간도 호흡을 놓치지 말고, 100% 자각된 상태에서 호흡에 앞서가지도 뒤따라가지도 말고 바로 호흡과 같이 통행하는 것이다. 호흡 그 자체가 되어 호흡과 동시에 존재하는 것이다.

단전호흡과 몰입은 동전의 양면과도 같다. 그대가 '지금·여기'에 완전히 몰입하고 있다면, 그대는 의식적으로 단전호흡을 하지 않아도 자연스럽게, 무의식적으로 단전호흡을 하고 있는 상태에 놓이기 때문이다.

어느 가을날 산책을 하면서, 그대의 영혼·마음·신체가 전인적으로 하나가 되어 길가에 핀 한 송이 코스모스에, 볼가를 스치는 서늘한 한 줄기 바람에, 이마에 와 닿는 따스한 한 줄기 햇볕에 집중되어 있다면 그대는 완전무결한 최고의 삶의 순간을 누리고 있는 것이고, 이때 호흡은 자연스럽게 단전호흡의 상태에 놓이게 된다.

깊고 느리게

호흡은 날숨(내뿜는 호흡)이 들숨(들이마시는 호흡)보다 더 길어야 한다. 이를 출장식(出張息)이라 한다.

사람은 평균 1분 동안 평상시에는 17~18회, 육체적 운동을 할 때는 20회 이상 호흡한다. 오랜 기간 단전호흡이나 참선 수련을 해온 사람들은 수련 중일 때는 1분에 2~5회 정도 호흡한다. 나의 경우는 1분에 2회 정도 호흡한다.

그렇다면 왜 호흡이 깊고 호흡 횟수가 적어야 하는가.

마음이 안정될 때나 정신이 집중되거나 깊은 사색에 빠져 있을 때, 호흡은 조용하고 깊고 부드럽고 천천히 하게 된다. 반대로 흥분하거나 긴장하거나 힘들 때는 호흡이 빨라진다.

따라서 높은 집중력과 정신력으로 창의력이나 능률을 올리거나 학습효과를 높이려면 반드시 부드럽고, 깊고, 천천히, 면면히 이어지는 8자(정-면-심-장-유-완-세-균) 호흡을 해야 한다.

이렇게 호흡할 때 뇌파는 최고의 능력을 발휘할 수 있는 상태가 되고, 심신은 이완되어 최상의 상태를 유지하게 되며, 산소를 많이 들이마셔서 산소공급이 원활해져 피로를 느끼지 않게 된다.

호흡을 빨리 하면 산소를 많이 들이마시는 것으로 생각할 수 있으나 빠른 호흡은 폐의 깊은 곳까지 가지 못하고 코와 폐까지 이르는 기관에서만 숨이 들락거리는 '옅은 호흡'이 되어 오히려 적은 산소를 마시게 된다. 또 옅은 호흡은 에너지와 산소 소비량을 깊은 호흡보다 더 많이 소비한다.

깊고 느린 호흡은 심장 박동을 느려지게 하므로 심장의 부담을 덜어준다. 운동을 할 때 호흡과 심장 박동이 빨라지는데, 이는 폐로부터 산소를 받은 혈액을 몸의 조직에 빨리 공급하기 위한 생체작용이다.

결국 호흡을 천천히, 횟수를 적게 하면 자연히 심장박동도 느려지고, 이는 심장의 운동량을 줄여 심장의 피로를 막는 긍정적인 작용으로 이어진다.

실제로 거북이, 고래, 코끼리 등 장수하는 동물들은 예외 없이 모두 호흡이 길고 느린 것으로 알려져 있다. 포유류인 고래는 최고 수명이 120세인데, 숨을 한 번 들이쉰 상태에서 물속에서 30분 정도를 견딜 수 있을 만큼 길고 깊게 호흡한다.

호흡에서 특별히 주의하고 또 주의할 점은, 숨을 들이마시고 내쉬는 과정이 최대한 자연스럽게 이루어져야 하며 아무런 힘이 들어가지 않아야 한다는 것이다. 호흡 횟수를 억지로 적게 하려 하거나, 숨결을 억지로 길게 하려고 무리해서는 안 된다.

앞서 언급했듯이 호흡은 8자(정-면-심-장-유-완-세-균)의 방식을 지켜야 한다.

억지로 호흡수를 줄이려고 하면 자연히 몸이나 배에 힘이 들어가고, 그렇게 되면 바로 부작용이 생겨 나쁜 결과가 발생할 수도 있다.

따라서 처음에는 경지가 높은 사람의 지도를 받거나 내용이 제대로 된 책을 보고 제대로 연구하고 수련해야 한다. 앞서 설명한 '손쉬운 단전호흡법'에서 자세히 설명한 대로 호흡을 하면 비교적 쉽게 단전호흡법을 익힐 수 있다.

인간은 모태에 있을 때에는 온몸으로 가장 이상적인 호흡인 태식을 하였고, 어린아이 때는 자연스럽게 단전호흡을 한다. 그런데 성장함에 따라 제멋대로 호흡을 해왔기 때문에 태아나 어린 시절에는 자연스러웠던 단전호흡이 어렵고 부자연스러운 호흡이 되고 만 것이다.

그러나 어린아이도 하는 단전호흡을 성장했다고 해서 할 수 없겠는가? 얼마간의 노력과 수련을 하면 어렵지 않게 단전호흡을 할 수가 있다.

지식(止息)

지식이란 호흡 과정에서 일정 시간 호흡을 딱 멈추는 것을 말한다. 호흡법은 인도, 중국, 한국, 일본 등 동양에서 주로 불교, 도교 등에서 종교적 깨달음을 얻기 위한 수련법으로 수행되어왔는데, 호흡 중에 들이쉰 숨(들숨)을 폐의 깊은 곳(폐저)에 담아둔 상태에서 '호흡을 멈출 것인지(止息)'의 여부에 관해서는 여러 의견이 분분하다.

결론부터 말하자면, 일반인은 과도한 지식을 하지 않는 것이 좋다. 잘못하면 건강을 해치는 부작용이 발생하기도 한다. 지식까지 하는 호흡법 수련을 하려면 호흡법에 정통한 전문가로부터 제대로 지도받는 것이 좋다.

스님들이 참선수행을 할 때는 일반적으로 지식을 한다. 지식을 함으로써 생리적으로는 몸 안에 기를 축척하고, 정신적으로는 고도의 정신집중을 할 수 있기 때문이다.

실제로 양궁이나 사격선수가 활이나 총을 목표물에 조준하고 발사하는 순간, 대부분 호흡은 정지상태가 된다. 호흡 과정의 미세한 떨림을 방지하려는 의도도 있지만, 한순간 호흡을 정지함으로써 더욱 고도의 집중을 할 수 있는 까닭이다.

"빛의 근원, 이에 대한 경험은 숨을 마시고 내뿜는 두 호흡 사이에서 시작된다. 숨이 들어오고, 들어온 이 숨이 다시 밖으로 나가기 직전, 바로 거기가 축복으로 가득 찬 곳이다."(명상법 1)

이는 들숨과 날숨이 교차하기 직전, 호흡의 정지상태가 있음을 의미한다.

"숨은 밑(丹田)에서 위쪽(콧구멍) 쪽으로 반원(半圓)을 그리며 회전한다. 그리고 다시 위에서 아래쪽으로 반원을 그리며 회전한다. 이 두 개의 회전점을 통해서 불생불멸(不生不滅)의 그 자리를 깨달아야 한다."(명상법 2)

이는 회전점에서 잠깐 호흡의 정지상태가 있음을 나타내고 있다. 그리고 그 순간적인 정지상태(지식상태)를 의식하는 자만이 깨달음을 얻을 수 있다고 하고 있다.

이렇게 호흡과 호흡 사이, 즉 호흡을 내쉰 다음(날숨) 다시 들이쉴 때(들숨) 자연스럽게 정지상태에 놓이게 되는데, 그 순간을 그냥 지나치지 말고, 그 순간을 놓치지 말고, 느끼고, 인식하는 것을 수행에서는 매우 중요하게 여긴다.[13]

호흡의 정지 상태를 의식적으로 지속시킬 필요는 없지만, 자연스럽게 이루어지는 호흡의 정지 상태까지 없애려고 할 필요는 없다.

---

13) B. S. 라즈니쉬, 석지현 옮김, 앞의 책, 55쪽.

내 개인적인 경험으로는 호흡과 호흡 사이의 정지 상태를 일부러 길게 하려고 노력할 필요는 없지만, 2~3초 정도 자연스럽게 지식 상태를 갖는 것은 무난하다고 본다.

수련시간 및 자세[14]

단전호흡의 수련시간은 초보자는 1회에 15~20분가량 하는 것이 좋다. 조금 숙련되면 1회에 30분에서 한 시간가량 하는 것이 좋다. 본격적으로 수련하는 사람들은 보통 50분 참선을 하고 10분 정도 휴식을 취한다. 수련은 한꺼번에 길게 하는 것보다 자주 하는 것이 좋다.

선원(禪院)의 수행승들은 하루 몇 시간씩 참선을 하고 안거(安居)라 하여 여름에 3개월, 겨울에 3개월을 오로지 참선수행에만 몰두하기도 한다.

잠이 부족하거나 극도로 피곤할 때, 복통, 설사 등 건강상태가 좋지 않을 때에는 단전호흡 수련을 피하는 것이 좋다. 음식을 너무 많이 먹었을 때, 배고플 때, 술을 마셨을 때도 피해야 하고, 식사 후에

---

14) 단전호흡의 자세 등은 석지현의 『선(禪)으로 가는 길』과 박희선의 『생활참선』을 참고하였다.

는 충분한 휴식을 취한 후 실시하는 것이 좋다.

단전호흡을 하기 전 20~30분간은 호흡이 거칠어지는 작업이나 운동 등 육체적 활동은 삼가야 한다. 이것은 단전호흡을 할 때 호흡의 흐름이나 마음의 안정을 방해하기 때문이다. 다만 간단한 목운동, 발목운동, 허리운동은 괜찮다.

복장은 되도록 넉넉하고 포근하고 편안한 것이 좋다. 몸에 달라붙거나 허리를 조이는 옷도 입지 않는다. 의복은 간결한 걸로 하고, 넥타이나 허리끈은 여유 있게 맨다. 안경, 양말 등도 가급적 벗는게 좋다.

단전호흡을 할 때는 올바른 자세를 갖추는 것이 무척 중요하다. 단전호흡 자세에는 결가부좌와 반가부좌가 있다. 양발을 반대쪽 허벅지에 올려 발바닥이 위로 향하도록 하는 결가부좌는 몸에 가장 힘이 들어가지 않으면서도 척추를 곧바르게 유지할 수 있는 자세이다.

그러나 어느 정도 숙련되지 않으면 발목이 아프고, 허벅지가 너무 두꺼울 경우 자세 자체가 아예 불가능할 경우가 있다. 그럴 경우 금동미륵반가사유상의 모습 처럼 한쪽 발만 반대쪽 허벅지에 올리는 반가부좌를 하는 것도 좋고, 반가부좌와 결가부좌를 교대로 해도 무방하다.

일반인에게는 결가부좌로 앉는 것이 너무 힘들고 부자연스러울 수 있다. 나는 일반인은 반가부좌로 앉을 것을 권하고 싶다.

〈그림 1〉

결가부좌로 앉는 방법은 먼저 〈그림 1〉과 같이 편안히 앉을 수 있을 정도의 넓은 방석이나 담요 접은 것 등을 깔고 그 위에 엉덩이 부분을 약간 높이는 약 5cm 정도 두께의 작고 납작한 방석을 놓는다. 엉덩이 부분을 약간 높이는 것은 그래야 앉은 자세가 안정되기 때문이다.

이어서 작은 방석 위에 엉덩이를 올리고 앉는데, 먼저 〈그림 2〉와 같이 오른발을 들어 왼쪽 허벅지 위에 올려놓는다. 그 다음, 〈그림 3〉처럼 왼쪽 발을 들어 오른쪽 허벅지 위에 얹는다. 이것이 결가부좌(結跏趺坐) 자세다.

이때 가능하면 양 무릎을 방바닥에 닿게 한다. 이 동작도 처음에는 쉽지 않으나 자주 앉다보면 어느 순간 양 무릎이 바닥에 닿게 된다.

이어 〈그림 5〉와 같이 몸의 중심(重心)이 양쪽 무릎과 척량골(등뼈의 끝부분)을 연결하는 정삼각형의 중심(中心)에 오도록 하여, 양 무릎과 척량골이 만드는 정삼각형의 세모서리에 몸 전체의 각 3분의 1의 무게가 균등하게 분포하도록 조정한다. 이때 무릎이 뜨

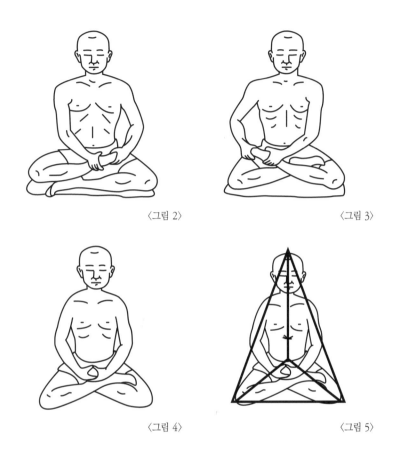

〈그림 2〉 　　　　　　　　　　　　〈그림 3〉

〈그림 4〉 　　　　　　　　　　　　〈그림 5〉

면 좌복을 약간 높여야 한다. 무릎이 뜨면 자세가 불안정해지기 때
문이다.

　이어 엉덩이는 충분히 뒤로 빼고 배꼽은 충분히 앞으로 내밀어

자세의 안정성을 취한다. 이 경우에도 억지로 자세를 취하려고 하면 신체에 힘이 들어가 부작용이 생기므로 자연스러운 범위 내에서 자세를 가다듬어야 한다.

반가부좌로 앉는 방법은 〈그림 4〉와 같이, 왼발을 충분히 끌어당겨 가랑이 깊숙이 집어넣고, 다음에 오른발 발등을 왼발 장딴지 위에 살짝 얹는 식이다. 물론 반대로 왼발 발등을 오른발 장딴지 위에 얹어도 된다.

주의할 것은, 이때에도 양쪽 무릎이 정확하게 땅바닥에 같은 무게로 닿아야 하며, 몸의 중심 역시 삼각형의 중심에 와야 한다. 결가부좌로 단전호흡을 하다가 발목이 아파 와 반가부좌로 변경해야 할 때에는 일단 결가부좌를 완전히 풀고 다시 위의 요령에 따라 앉아야 한다.

모든 자세를 갖추고 본격적으로 단전호흡에 들어가기 직전에 몸의 균형을 잡고, 이상적인 자세를 취하기 위하여 결가부좌(또는 반가부좌)를 한 채로 상체를 전후·좌우로 움직이고 부드럽게 돌린다. 그 다음 좌우로 시계의 추처럼 흔들고 점점 진폭을 작게 하여 자연스럽게 정지한다〈그림 6〉.

이어서 자세가 안정되면, 먼저 마음을 해방하고 기분을 편안하게 한다. 그리고 심호흡을 두세 번 하는 것이 좋다. 이때 비로소 몸과 마

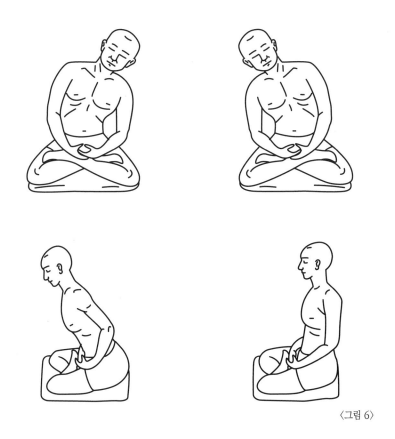

<그림 6>

음의 긴장을 함께 풀어내는 것이다. 그 다음에 본격적으로 단전호흡을 시작한다.

　진리는 단순하고 가장 자연스러운 것이다. 단전호흡에서 특히 주의할 점은 결코 힘을 들이거나 억지가 있어서는 안 된다는 것이다.

단전호흡의 자세와 호흡 등 모든 과정에서 힘이 들어가지 않고 물 흐르듯이 자연스러워야 하는 것이다.

두 팔을 자연스럽게 늘어뜨리고, 손을 정리하는 방법도 중요하다. 손을 놓는 방법을 인상(印相) 또는 정인(定印)이라고 부른다.

먼저 오른손의 손등을 결가부좌한 양쪽 발 중간에 걸쳐 얹고, 다음으로 왼쪽 손등을 오른손 손바닥 위에 놓는다. 즉 양손의 손바닥을 위로 하여 겹친다. 그런 다음 양쪽 엄지손가락 끝을 서로 가볍게 맞댄다. 이때 손 안에 야구공 같은 것을 품었다고 상상한다.

이것이 끝나면 양손을 충분히 배 쪽으로 끌어당기고, 양쪽 엄지손가락의 맞댄 부분이 코와 배꼽의 연장선상에 오도록 한다. 이때 단전은 대체로 이 인상이 만드는 원의 중간에 위치한다〈그림 5〉.

이렇게 손을 정인의 자세로 갖는 것이 불편하거나 몸에 힘이 들어갈 때에는 두 손을 손바닥이 위를 향하도록 자연스럽게 편 상태에서 이를 양 무릎에 가볍게 올려놓는 방법도 괜찮다.

귀와 어깨는 일직선상에 오도록 머리와 어깨를 조절한다. 가슴에 힘을 넣지 않고, 양 어깨의 힘을 쑥 뺀 후 낮춘다. 단전호흡은 어깨에서 힘을 빼는 수련이라고까지 말할 수 있다.

허리를 곧추세우고 턱을 안으로 끌어당긴다. 입은 자연스레 다문다. 상하 이빨을 가볍게 맞대고 혓바닥은 입천장에 살짝 붙인다.

입안에 공기를 품어서는 안 된다.

　눈은 뜨는 방법과 감는 방법이 있다. 우리는 눈을 뜨고 활동하기 때문에 눈을 뜨고 활동하는 동안 정신을 집중하기 위해서는 원칙적으로 눈을 뜨고 수련하는 것이 좋다.

　때로는 눈을 감고 수련하는 것이 더 정신집중이 잘되는 사람도 있는데, 그런 경우에는 눈을 감고 수련해도 괜찮다. 나는 주로 눈을 뜨고 수련하지만 간혹 눈을 감고 수련하는 것이 정신집중이 잘될 때는 눈을 감고 수련하기도 한다.

　눈을 뜨고 수련할 경우, 눈은 너무 크게 또는 너무 가늘게 뜨지 말고 보통보다 약간 가늘게 뜨고, 시선은 앞 1m 정도 되는 방바닥에 자연스럽게 던져둔다.

　여기서 시선을 던져둔다는 의미는 눈으로 무엇을 보는 것이 아니라 그저 막연히 시선을 방바닥에 떨어뜨린다는 의미다. 그저 반쯤 뜨는 것이 좋다. 이것을 반안(半眼)이라 부른다.

수식관(數息觀)·수식관(隨息觀)·비사량(非思量)

모든 자세를 갖추었다면 이제는 단전호흡을 자연스럽게 실시해 나가면 된다. 이때 새롭게 등장하는 문제는 마음가짐이다. 단전호흡을 하는 20분 혹은 그 이상의 시간 동안 어떤 마음을 갖고 단전호흡을 해야 할 것인가.

일을 하거나 공부를 하거나 운동을 할 때도 지금 하고 있는 그 일자체, 즉 '지금·여기'에 100% 몰입하지 못하고, 다른 여러 가지 온갖 잡생각이 일어난다.

하물며 조용히 앉아 오로지 호흡에만 정신을 집중하여 단전호흡을 할 때에야 어찌하겠는가. 그야말로 오만 가지 생각이 죽 끓듯이 생겨날 것이다. 단전호흡 중에 일어나는 온갖 잡념을 없애고 오직 호흡 그 자체에 정신을 집중하는 방법을 '마음을 다스리는 법', 즉 조심법(調心法)이라고 한다.

젖먹이가 걷기까지 처음에는 몸을 뒤집기부터 시작하여 기는 단계를 거쳐 걷게 되듯이 조심법에도 몇 단계가 있는데, 대별하여 수식관(數息關)과 수식관(隨息觀), 그리고 비사량(非思量)의 세 가지로 나뉜다.

첫째, 수식관(數息關)은 문자 그대로 호흡을 하면서 마음속으로 호흡의 길이를 수로 세는 방법이다. 이 방법이 단전호흡에서는 젖먹이가 방바닥을 기는 단계라고 할 수 있다.

예를 들면 날숨(내쉬는 숨)을 약 7초, 들숨(들이마시는 숨)을 약 5초 하는 경우, 숨을 내쉬면서 마음속으로 1에서 7까지 세고, 들이마시면서 1에서 5까지 세는 것이다.

이렇게 호흡을 하면서 그 숨을 세면 마음이 호흡을 세는 것에 집중이 되어 다른 잡념이 일어나지 않는다. 이때 초침소리가 들리는 탁상시계를 이용하면 수련이 한결 쉽다. 초침의 째깍거리는 소리를 세면서 호흡을 하는 것이다.

초침소리가 너무 커도 그 소리에 정신을 빼앗기게 되고, 너무 작으면 잘 들리지 않아 신경이 곤두서게 되므로 소리가 너무 크거나 작아서는 안 된다. 호흡을 할 때 조용히 들릴 정도면 된다.

초침의 째깍거리는 소리를 마음속으로 세면서 숨을 천천히 내쉬고, 천천히 들이마신다. 처음에는 무리가 가지 않도록 너무 길게 호흡을 해서는 안 된다.

처음 수련할 때는 약 5~8초간에 걸쳐 천천히 내쉬고, 2~3초간 가볍게 호흡을 멈추었다가, 이어서 4~5초간에 걸쳐 들이마신 후 다시 2~3초간 멈추는 식으로 하면 된다.

이런 방법으로 날숨과 들숨을 계속한다. 단전호흡을 계속 수련하여 숙련이 되면 날숨은 약 10~14초, 들숨은 약 7~10초 정도, 지식은 날숨과 들숨이 끝나는 순간 각 2~3초 정도 소요될 것이다.

호흡을 멈추는 것, 즉 호흡을 들이마신 상태에서 호흡을 잠깐 멈추는 것을 지식(止息)이라 한다.

전통적인 선에 관한 이론에 따르면 지식을 할 경우에는 호흡을 들이마신 다음, 들이마신 시간만큼(만약 4~5초간에 걸쳐 호흡을 들이마셨다면 4~5초간 정도) 숨을 멈추는 것이다.

앞서 언급한 바 있지만, 지식을 할 것인지에 관하여는 의견이 엇갈린다. 수행승들은 보통 지식을 하고, 나도 지식을 하고 있으나 초심자일 경우 잘못된 지식은 부작용을 유발할 수 있으므로 전문가의 지도가 필요하다.

단, 호흡을 다 내쉬고 2~3초, 들이마신 후 2~3초 정도의 짧은 지식을 하는 것은 부담 없이 할 수 있는 방법이므로 그런 방식의 지식은 해도 무방할 것이다.

위의 수식관(數息觀)에 의한 호흡에 익숙해져 시계의 초침소리를 세지 않고도 어느 정도 호흡에 정신집중을 할 수 있게 되면 수식관(隨息觀)으로 호흡을 하게 된다.

수식관(隨息觀)은, 문자 그대로 의식을 호흡의 흐름에 집중하는 호흡법이다. 이 방법은 앞서 숫자를 헤아리는 수식관(數息觀)보다 더 고차적인 수련법이다, 오로지 숨결의 출입에만 온 의식을 집중하고 그 흐름에 의식을 맡기는 것이다.

모든 것을 잊어버리고 다만 호흡이 나가고 들어오는 그 움직임만을 의식하는 것인데, 의식이 100% 자각된 상태에서 호흡과 함께 움직이는 셈이다.

숨을 내쉴 때는 의식이 그 숨결에 따라 단전에서 코끝까지 그 숨결을 의식하면서 천천히 올라온다. 숨을 들이마실 때는 의식이 숨결에 따라 코끝에서 단전까지 그 숨결을 의식하면서 천천히 내려간다.

의식이 단 한순간도 결코 그 숨결을 놓쳐서는 안 된다. 앞서가지도 말고, 뒤따라가지도 말고, 바로 호흡과 함께 같이 움직이는 것이다. 호흡 그 자체가 되어 호흡과 동시에 존재하는 것이다.

지금 숨을 내쉰다. 지금 숨결이 저 밑의 단전(실제는 폐의 가장 아랫부분)에서 출발하여 조용히, 서서히, 끊어지지 않게 코끝을 향해 올라오고 있다.

이때 숨결이 단전에 있을 때는 우리의 의식도 단전에 있고, 숨결이 올라옴에 따라 그 숨결과 같이 의식도 올라와서 숨결이 코끝에 다다르면 의식도 함께 코끝까지 올라와 있는 것이다.

이어서 숨을 들이쉰다. 지금 숨결이 코끝에 닿고 이어서 콧속을 통과하여 조용히, 서서히, 끊어지지 않게 단전(실제는 폐의 가장 아랫부분)을 향해 내려가고 있다.

이때 숨결이 코끝에 있을 때는 의식도 코끝에 있고, 숨결이 콧속을 통과하여 단전을 향해 내려갈 때면 그 호흡과 함께 이동하여 호흡이 단전(실제는 폐의 가장 아랫부분)에 다다르면 의식도 함께 단전에까지 내려가 있는 것이다.

이어서 단전에 들어온 호흡과 기(엄격히 말하면 이때 공기는 폐에 가 있고, 기(氣)만 단전에 와 있다)를 멈추면(지식) 의식도 단전에 머물러 있는 것이다. 그 후 날숨을 시작하면 다시 의식이 그 숨결을 따라 이동하는 것이다.

여기서 숨결이 실제는 코끝부터 폐까지 이동하지만, 의식은 숨결이 코끝부터 단전까지 이동하는 것으로 생각(관념)하는 것이다. 이렇게 생각함으로써 깊은 호흡이 이루어질 뿐만 아니라 기(氣)는 실제로 단전까지 운행하게 된다.

비사량(非思量)은 조심법의 가장 높은 단계이다. 비사량의 의미는 우리의 영혼과 마음과 신체가 완전히 하나로 통일되어 '생각이나 헤아림이 멈춘 상태'를 말한다. 즉, '지금·여기'에 영혼과 마음과 신체가 완전히 하나로 통일되어 100%로 몰입되어 있는 상태이다.

'지금·여기'에 영혼과 마음과 신체가 전인적으로 합일하여 그 이외의 다른 것—과거, 미래, 주위 상황, 잡음 등—은 티끌만큼도 의식되지 않는 상태다.

이 상태야말로 의식의 세계와 무의식의 세계가 열려 있고, 뇌파나 정신은 최상의 능력을 발휘하는 상태에 있으며, 마음은 지고지순하고 평안한 상태에 놓이게 되는 것이다.

단전호흡을 하면서 비사량 경지에 이르면 그야말로 무념무상(無念無想)의 경지에서 오로지 단전호흡만 하고 있는 상태가 된다. 호흡을 하면서 숫자를 세지도 마음이 숨결을 좇아 이동하는 것도 없이 그저 앉아서 고요히 호흡만 하는 것이다.

정신은 완전히 통일되어 아무런 잡념이 일지 않고, 오직 호흡과 마음과 신체가 일체가 되어 마치 방 안에 버려진 돌부처처럼 앉아 있는 것이다.

참선을 하여 비사량의 단계에 이르면, 어떤 때는 자기가 앉아서 참선을 하고 있다는 것 자체도, 시간과 공간 개념도 망각하고, 거의 무중력, 무념무상의 상태에 빠져 몇 시간이고 앉아 있는 경우도 생긴다. 불가에서 말하는 삼매(三昧) 혹은 선정(禪定)에 드는 것과 유사하다고 할 수 있겠다.

단전호흡과 참선(參禪)

단전호흡은 기본적으로 호흡법이다. 이에 비해 참선(參禪)은 참된 자아를 찾기 위한, 진리를 바로 볼 수 있는 깨달음을 얻기 위한 정신 수행법이다.[15]

참선은 동양에서 수천 년 동안 내려온 전통적인 수행법으로 깨달음을 얻기 위한, 마음의 참된 실체를 찾는 구도의 길이다. 참선은 단전호흡을 그 수행의 기본으로 하고, 거기에 공안참구(사마타 수행)라는 정신적인 수행을 함께 하는 것이다.

단전호흡이 원칙적으로 호흡법인 것에 비하여 참선은 공안참구를 함께 하는 점에서 차이가 있다고 할 수 있다. 그러나 단전호흡도 단순히 호흡만 하는 것이 아니라 호흡을 하면서 호흡에 따라 관념을 이동하고, 숨을 내쉬면서 몸속의 노폐물을 내보내는 관념을 하고, 또 숨을 들이마시면서 신선한 공기와 우주의 정기를 들이마시는 관념을 하는 등 정신적인 수련도 함께 하는 것이므로 단전호흡과 참선이 크게 다르다고 할 수도 없다. 이런 연유로 단전호흡과 참선은 때때로 같은 의미로 통용되기도 한다.

---

15) 참선이 추구하는 세계는 문자로 표현할 수 없는(不立文字) 진리의 세계다. 따라서 참선을 문자로 정의한다는 것 자체가 무모한 짓이지만 편의상 정의해 보는 것이다.

일반인이 깨달음을 얻기 위해 단전호흡과 공안참구(사마타수행)를 함께하는 참선수행을 본격적으로 한다는 것은 쉬운 일이 아니다. 그렇지만 단전호흡이나 참선은 그 본질과 기본에 있어서 크게 다르지 않기 때문에 일반인으로서는 단전호흡만 수련해도 충분하다고 생각한다.

단전호흡만 해도 최고의 능력과 최상의 행복한 생활을 할 수 있다. 그러나 학습에도 보통학습과 심화학습이 있듯이 영성과 능력 수련에도 보통수련과 심화수련이 있다고 할 수 있는데, 참선은 단전호흡의 심화수련 단계라고 말할 수 있을 것이다.

제5장

행복한 삶의 길

주의 깊게 살아간다는 것은

단순히 집중하는 훈련이 아니라

행복을 찾아 나서는 일이다.

행복해지기 위해서는 많은 것이 필요하다고 믿는가?

그것은 오해다.

누구나 주의력만 있으면 행복해질 수 있다.

매일 일어나는 기적들을 알아차리기 위해서는

주의 깊게 인지하는 연습이 반드시 필요하다.

그리고 생활 속에서 인지하는 모든 것에 감사하라.

– 안젤름 신부
(1945~ , 독일의 신부, 영성가)

5 /

행복한 삶의 길

일상(日常)의 중요성

많은 선지자들이 진리와 참삶의 길에 대해 설파해 왔다. 그러나 실상은 지극히 단순명료한 것이 아닐까 싶다. 참삶의 길은 창조되는 것도 발명되는 것도 아니고, 찾아지거나 얻어지는 그 어떤 것도 아니다. 진리와 참삶의 길은 바로 '지금·여기'에서 최선의 삶을 추구하는 것이다.

진리의 길, 참삶의 길, 최고의 능력과 최상의 행복을 성취하는 길은 과거도 미래도 아닌 오직 '지금·여기'에 있다. 그러므로 우리는 '지금·여기'에 영혼과 마음과 신체를 합하여 전인적으로 쏟아부어야 하는 것이다. 이것만이 최고의 능력자가 되고 최상의 행복을 성취할 수 있는 '최상(最上)의 길'[1]이다.

---

[1] 최고의 능력자가 되고 최상의 행복을 성취할 수 있는 길을 '최상의 길'이라고 지칭한다.

이렇게 '지금·여기'를 완전히 느끼고 흠뻑 빠질 때에만, 우리는 온전히 '지금·여기'를 본래의 모습 그대로 볼 수 있고, 그럴 경우에만 최상의 길을 갈 수 있다.

다시 말해, '지금·여기'에 몸과 마음과 영혼이 완전히 집중할 때에만 우리는 진정한 의미에서 제대로 살아 있는 것이고, 그 순간만이 가장 숭고하고 고귀한 것이며, 최고의 행복감을 누릴 수 있다.

이렇게 집중과 충만한 순간이야말로 최고로 행복한 상태에 있는 것이고 진리에 도달된 상태이다. 화려했던 지나간 과거나 다가올 찬란한 미래의 그 어떤 위대한 성취나 희망과도 바꿀 수 없는 것이다.

우리 눈앞에 소박하고도 청초하게 피어 있는 코스모스가 있는데, 왜 이미 저버린 화려했던 장미를 돌아보는가? 왜 내년 봄에 피어날 매화꽃을 벌써 그리워하고 있는가?

지금 찬란한 햇빛이 쏟아지고 있는데, 왜 지나간 빗줄기를 생각하고, 저만치 다가오는 검은 구름을 바라보고 있는가?

많은 사람들이 일상의 대부분을 그냥 흘려보내며 살고 있다. 세수하는 것, 밥 먹는 것, 전화하는 것, 이야기하는 것, 보는 것, 공부하는 것, 일하는 것, 운동하는 것 등 대부분을 그저 대강대강 흘려보내는 것 같다.

그것들은 다시 올 수 없는 인생의 한 부분이고 우리 존재의 한 모습인데, 우리의 영혼과 마음과 신체가 더불어 보낸 귀중한 시간과 사건임에도 그저 그냥 보내버리고 만다.

반면 돈, 명예, 권력 등 세속적인 것들에 사로잡혀 그것에만 의미를 부여하고 그것만을 추구하느라 허둥댄다. 이러한 태도는 우리의 귀중한 삶과 생명을 허비하는 참으로 안타까운 모습이 아닐 수 없다.

행복도 마찬가지다. 행복이란 무언가를 성취한 후, 혹은 자기가 원하는 상태에 놓여 있을 때 느끼는 감정이다. '지금·여기'에 전인적으로 몰입하면 나의 존재는 '지금·여기'와 완전히 혼연일체가 되어 그 순간 그 일만이 존재하게 된다.

행복하다거나 불행하다는 감정이나 일이 쉽다거나 어렵다는 분별이 생길 여지가 없다. 무엇인가를 하고 싶다거나 하기 싫다는 감정도 일어날 여지가 없다. 오직 바로 이 순간, 그 일만 존재하는 것이다.

이렇게 '지금·여기'와 일체가 되어 자신의 사사로운 감정이나 분별이 일어나지 않을 때, 이 순간과 여기에 모든 것을 집중하고 온전히 그것에만 몰입할 때, 우리의 심리상태는 최상의 평안함과 성취감과 행복감 상태에 놓이게 된다. 그리고 이렇게 사는 삶 자체가 행복이고, 기적이고, 완성된 형태이고, 낙원인 것이다.

행복해지기 위해 반드시 어떤 노력이 필요한 것일까?

그렇지 않다. 우리가 전인적으로 '지금·여기'만을 느끼고 의식하고 집중하는 그 순간, 그 자체가 행복인 것이다. 그 이외의 다른 모든 것들은 나를 타락시키는 나태, 불안, 불행, 무능력, 퇴보, 죄악일 뿐이다.

중학생 시절, 여름방학 때의 일이다.

나는 물고기 잡는 것을 무척 좋아해 그날도 고향집 마을 앞을 흐르는 개울에서 족대를 이용해 고기를 잡고 있었다. 갑자기 눈앞에 금빛 찬란한 커다란 잉어가 나타났다. 잽싸게 그물로 걷어 올렸는데 붙잡아 꺼내는 순간 잉어가 팔딱거리는 통에 그만 놓쳐버리고 말았다.

너무나 아쉬워서 온몸에서 힘이 쑥 빠져나갔다. 자꾸만 놓쳐버린 잉어가 눈에 어른거리고 아쉬움이 심해져 더 이상 고기잡이를 계속할 수가 없었다.

나는 며칠이 지나도록 아쉬운 생각에서 벗어날 수 없었다. 이미 내 손을 떠난 잉어였고, 아무리 아쉬워해도 소용없는데도 그 생각을 떨쳐버리지 못한 것이다.

아무리 욕심나는 것이라 하더라도 이미 지나가버린 것은 과거로 사라진 것일 뿐 내 것이 될 수 없다. 지나가버린 것에 연연하는 것은, 가장 소중한 '바로 지금 이 순간'을 고스란히 놓치는 것이다. 그것에 집착할수록, 지나가버리면 다시 오지 않는 찬란하게 살아 숨 쉬는 '지금·여기'를 놓치고 마는 것이다.

'지금·여기'에 충실하지 않는 한 우리는 아무 일도 하고 있지 않는 것이고, 그 결과 아무것도 성취할 수가 없다. '지금·여기'에 영혼과 마음과 몸이 일체가 되어 100% 집중할 때 우리는 탁월한 능력을 발휘할 수 있고, 진리의 문으로 들어설 수 있게 되는 것이다.

헛된 욕망에서 벗어나기

마음은 언제나 무엇을 찾거나 이루려는 욕망으로 꿈틀댄다. 그리고 욕망은 스스로 어떤 목표를 개념 짓거나 설정해놓고 그것을 이루기 위해 정신과 신체의 에너지를 사용하고 있음을 의미한다.

마음은 항상 생각의 올무에 붙들려 한순간도 쉬지 않고 죽 끓듯이 요동친다. '지금·여기'에 집중하기보다는 이미 지나버린 과거의 일에 얽매이거나 아직 오지 않은 안갯속의 미래에 가 있기 십상이다.

이렇게 과거와 미래에 얽매이는 것은 부질없는 분별심 때문이다. 즉, 그 일은 잘한 일이라고 기뻐하거나 혹은 잘못했다고 후회하거나 그때는 좋았다거나 나빴다는 등의 과거의 시비와 가치 등에 대한 판단 때문이고, 미래의 욕망, 즉 앞으로 무엇을 하겠다거나 이루겠다는 등의 생각 때문이다.

참된 진리와 생명은 '지금·여기'에 있지만, 마음이 무엇인가를 기억하거나 결심하거나 계획하는 순간, 진리의 마당인 '지금·여기'를 떠나서 존재하지 않는 허상에 빠져들게 된다.

즉 나의 실체(진정한 나, '참나')는 바로 '지금·여기'에 있는데, '참나'의 일부분인 마음은 '지금·여기''가 아닌 죽은 과거나 흐릿한 미래에 가 있는 것이다.

결국 '참나'는 진리를 깨닫지 못하고 참된 삶을 살지도 못하는 것이다. 이렇게 '참나'와 마음이 서로 어긋나는 한 진리는 영원히 만날 수 없다.

결국 우리가 진리를 깨닫고 참된 삶을 살고자 한다면, 지금부터라도 '지금·여기'에 몰입해 부질없는 분별이나 헛된 욕망의 노예상태에서 벗어나야 할 것이다.

'지금·여기'를 섬세하게 살아 있는 그대로 치열하게 느낄 수 있을 때 우리의 정신은 위대하고 참된 진리를 볼 수 있다.

뜨거운 태양이 쏟아지는 7월의 한낮, 갑자기 소나기가 쏟아진 직후에 논둑을 걷고 있노라면, 들판에 가득한 볏잎들이 뜨거운 햇빛과 넉넉한 수분을 받아 쑥쑥 자라면서 부딪치는 소리, 사각대는 소리를 들을 수 있다.

이러한 자연의 미세한 변화와 소리까지 느끼고 들을 수 있는 사람은 행복하고 위대하다. 지는 석양에 외롭게 날아가는 새 한 마리에 처연함을 느끼면서 자기도 몰래 눈물을 머금는 그러한 섬세한 감성을 가진 자만이 심오한 진리를 보는 눈을 갖게 된다.

진리는 꾸밈도 선입견도 가치판단도 없는, 있는 그대로의 모습을 보는 것이다. 봄은 찬 기운이 사라진 한 줄기 바람 속에 있고, 가을은 한 잎의 낙엽 속에 있으며, 한 방울의 눈물 속에 삶의 희로애락이 담겨 있음을 아는 것이다.

'지금·여기'에 100% 집중하기 위해서는 먼저 '지금·여기'에서 대면하고 있는 대상(對象)을 타성에 젖어 별다른 자각이나 느낌 없이 대하는 일이 없어야 한다.

이때 대상은, 공부나 사무나 노동일 수도 있고, 자연의 풍광 등 그어떤 것이 될 수도 있다. 그리고 이러한 대상을 내 인생에서 처음이자 마지막으로 대면하는 것처럼 절심함을 가지고 마주해야 한다.

아름다운 경치에 빠져 있을 때에는 오직 그 아름다운 경치만이 의미 있는 것이고 삶의 전부다. 아름다운 경치가 펼쳐져 있는 여기와 그것을 바라보고 있는 이 순간만이 생명이고 삶인 것이다. 그 순간에 그대가 과거나 미래의 어떤 일을 추억하거나 생각하고 있다면, 그대는 이미 참된 진리의 삶에서 멀리 떨어져 있는 것이다.

진리를 100% 누리지 못하는 것은, 잘못된 습관으로 인해 '지금·여기'에 완전히 몰입하지 못하고, 언제나 과거와 현재와 미래가 흙탕물처럼 얽혀 있는 그런 삶을 살아온 탓이다.

그러한 잘못된 습성이 우리의 DNA가 되고 잠재의식에 쌓여 우리의 사고와 행동의 틀을 그런 부정적인 형태로 만들어 버리는 것이다.

'지금·여기'에 100% 집중하려면 우리의 온 정신과 감각이 치열하게 깨어 있어야 한다. 수행을 통해 타성과 편안함과 게으름 같은 잘못된 DNA와 잠재의식과 습성을 고쳐야 한다.

그리하여 마침내 별다른 노력과 정신집중 방법을 동원하지 않더라도, 자연스럽게 '지금·여기'에 전인적으로 100% 몰입하는 생활을 할 수 있어야 한다.

교감, 그리고 일체감

모든 분별심, 즉 옳다거나 그르다는 시비를 따지는 마음, 좋다거나 싫다는 애증을 나타내는 마음, 아름답다거나 추하다는 감각적인 느낌은 대상(공부, 사무, 육체적 노동이나 시각이나 청각의 대상 등)과 일체가 되지 못하고, 대상과 분리되어 관찰자와 관찰 대상으로 남기 때문에 일어난다.

기독교에서 신자의 기도 또한 처음에는 자신의 열렬한 바람을 표현하는 적극적인 기도를 한다. 그러나 영적으로 성숙해진 신자는 신심이 깊어질수록 고요하고 평정한 마음으로 신과 합일되는 경지에 이르기를 바라는 깊은 기도를 하게 된다.

다시 말해 신을 대상으로 하여 자신의 의지와 필요에 따라 무언가를 구하는 기도는, 신의 보살핌과 보호 속에 자기 자신을 내맡기지 않음으로써 오히려 신의 은총을 방해하는 결과가 될 수 있다.

하지만 깊고 높은 경지에 이른 신앙인은 신과 일체가 되어 있기 때문에 일체가 된 신의 존재를 고요히 느끼고 자각하게 되는 것이다.

우리가 지금 바라보고 접촉하는 풀 한 포기, 나무 한 그루도 우리가 전인적으로 집중해 사랑스런 마음과 말을 쏟아주면 풀과 나무의 조직세포가 반응하고 생명력이 더 활발해진다는 사실이 과학적으로 증명되었다.

이렇게 어떤 대상에 전인적으로 집중하면 그 대상과 교감할 수 있고 좋은 영향력을 행사할 수 있다. 이러한 능력을 갖출 때 우리는 소아(小我)를 초월하여 만물과 교감하는 우주적인 사람이 되는 것이다.

'내가 그의 이름을 불러 주었을 때

그는 나에게로 와서 꽃이 되었다.'

김춘수 시인의 「꽃」이라는 시의 시구(詩句)처럼, 우리가 대상에게 전인적으로 집중할 때 우리는 대상과 일체감을 느낄 수 있고, 대상에게 영향력을 행사할 수 있게 되는 것이다.

분별심, 행복의 걸림돌

행복이 무엇인가를 말하는 것은 쉬운 일이 아니다. 일반적으로 행복은 추구하는 것을 얻은 후에 느끼는 만족감이나 흐뭇함, 혹은 결핍감이나 불만이 없는 상태라고 정의된다. 그리스 철학자 아리스토텔레스는 행복의 개념을 보다 정신적인 측면에서 보았다.

그는 인간이 '훌륭한 인격적, 정신적 존재가 되는 것'이 이른바 행복감이라고 정의했다. 인간이 영적으로나 정신적으로 보다 높은 존재가 되기 위해 끊임없이 노력하면서 삶의 참된 의미를 알아가는 것을 행복이라고 본 것이다.

행복감을 느끼는 감정은 대체로 두 가지 상황에서 비롯된다.

첫째, 어느 특정 시점에서 느끼는 행복감이다.

내가 '지금·여기'에 전인적으로 집중하고 있을 때는 오로지 '지금·여기'에 집중하는 자신만 있을 뿐, 즐거움, 지루함, 행복함 등의 가치판단이 개입할 여지가 없기 때문에 행복감을 느낄 수 없다.

그러므로 어떤 순간이나 상황에서 행복감을 느낀다면 그것은 내가 '지금·여기'에 온전히 전인적으로 집중하지 못하고 있다는 것이다. 이 상태는 진정한 의미에서의 행복감이라고 하기 어렵다. 진정한 의미에서의 행복감은 '지금·여기'에 전인적으로 온전히 집중해 어떤 일을 성취한 후에, 그 결과에 만족하는 심리상태를 말한다.

둘째, 일상생활에서 느끼는 행복감이 있다.

정신적·신체적으로 건강하고, 사회적·경제적·가정적으로 무언가를 성취하고 스트레스를 적게 받을 때 찾아오는 편안함이 그것이다. 자신이 노력해 이루거나 객관적인 환경에 의해서 형성된 상황에서 비롯되는 총체적인 느낌으로써의 행복감인 것이다.

행복감을 느끼기 위해서는 먼저 마음에 '평안'이 깃들어야 한다. 그리고 평안하려면 마음에 고통과 갈등이 없어야 하고, 고통과 갈등이 일어나지 않기 위해서는 '분별심'이 없어야 한다.

분별심이란 대상이나 생각에 대해서 옳고 그름(시비)을 따지고, 사랑하거나 미워하고(애증), 어떤 것은 취하고 다른 것은 버리는(간택) 등 대상이나 생각에 가치판단을 내리고 차별하고 선택을 하는 마음을 가리킨다.

따라서 분별심을 버리고 대상과 일체가 되어야 고통과 갈등이 사라지고 심신의 평안함으로 이어져 마침내 행복감을 느낄 수 있다고 볼 수 있다. 이처럼 행복의 기본 요소인 '대상과 일체가 된다는 것'은, 곧 자신의 존재를 100% 던져 대상을 사랑한다는 의미다.

대상에 대하여 애정과 이해하려는 열의를 가지고 바라보기만 하면, 정신은 차분해지고 대상은 연못에서 활짝 잎사귀를 펼치는 연꽃처럼 본연의 실체를 드러낼 것이다.

이렇게 대상과 일체가 될 때, 그 대상이 조그만 돌덩이라 할지라도 감동하여 그 대상도 그대에게 자신의 모든 것을 밝혀주는 것이다.

그리고 대상의 본래 모습 그대로를 완전히 몸소 체험하고 깨달음으로써 진리에 도달하고 덩달아 편안함과 행복감을 맛볼 수 있다. 즐거움이나 행복감은 내일이나 미래에서가 아니고, 대상을 사랑하고 대상과 일체가 되는 바로 그 순간에만 느낄 수 있고 존재한다.

공부나 일, 사람들과의 관계에서 만족감과 행복을 추구한다면 지금 하고 있는 공부나 일, 만나고 있는 사람에게 전적으로 몰입해 한 몸, 한 뜻이 되어야 한다.

이들을 상대해야 하는 대상으로 남겨두지 말고, 바로 자신의 일부로 받아들여야 한다는 것이다. 왜냐하면 대상으로 남겨두는 한 그 사이에는 간격이 존재하게 되기 때문이다.

자신과 대상 사이에 간격이 생기는 순간, 옳고 그른지를 판단하는 분별심이 생기고, 좋아하거나 싫어하는 감정이 생겨나며, 그 일을 계속할 것인지 그만둘 것인지 등 온갖 망상이 일어나게 된다.

그 순간 우리는 '지금·여기'에서 벗어나게 되고, 대상에 대한 시비, 가치판단 등 온갖 망상이 해일처럼 밀려와 진리로부터 멀어진다. 이런 망상을 정리하고 대상과 일체가 되어 모든 분별심을 떠난 상태가 되려면, 오직 그 대상을 사랑하는 마음으로 전인적으로 집중해야 한다.

지금 하고 있는 공부나 일을, 지금 이 순간에 나의 의지와 관계없이 쉼 없이 행해지고 있는 호흡처럼 생각해보자. 음식을 먹고, 몸을 씻는 일처럼 나의 존재의 일부이자 생활 그 자체로 인식하고 받아들여 보자. 그러면 공부나 일에 대해 좋다거나, 싫다거나, 하고 싶다거나, 하기 싫다거나 하는 느낌이나 의식이 생겨날 수 없을 것이다.

이렇듯 하고 있는 공부나 일을 바로 그대의 존재와 합일시킨다면 다른 일에 한눈팔 수 없게 된다. 그리고 별다른 노력 없이 최상의 상태로 시간이나 공간의 제약을 느끼지 않고 살아갈 수 있다.

이런 상태를 가리켜 바로 대상과의 혼연일체라고 지칭하며, 이는 많은 사람들이 추구하는 '행복감의 진정한 실체'인 것이다.

'있는 그대로' 응시(凝視)하라

　지극히 높은 도(道)는 어려운 것이 아니다. 오직 어느 것을 취하고 어느 것을 버리는 생각이 일어나지 않게 하고, 미워하고 좋아하는 감정 등 분별심만 갖지 않으면 되는 것이다. 그러나 보통 사람이 일상적인 삶에서 분별심을 일으키지 않고 평안한 마음을 갖춘다는 것은 결코 쉬운 일이 아니다.

　예컨대 무슨 일로 화가 났을 때 그 사람의 마음은 그 화에 사로잡혀 함께 화를 낸다. 화로 인하여 혈압이 상승하고, 온 마음이 끓어오르는 화로 인해 판단력을 상실하고, 마치 질주하는 말에 요란스럽게 흔들리는 마차처럼 온몸이 화라는 말에 끌려 내닫게 된다.

　누군가를 증오할 때도 마찬가지다. 그 사람의 마음은 온통 미움과 증오의 감정에 사로잡혀 마치 불길에 뛰어드는 불나방처럼, 증오심에 정신과 마음이 불타버리는 것이다.

　이처럼 어떤 감정에 완전히 빠져서 자신을 자제할 수 없을 때, 그 격렬한 감정을 다스리거나 분별심을 떨쳐버리고 평정심(平靜心)을 되찾는 가장 효과적인 수행법의 하나로 '응시의 방법'이라는 것이 있다.

　응시(凝視)의 방법은 간단하다. 오직 '대상을 있는 그대로 받아들이는 것'이다. 세계적인 영지자인 크리슈나무르티나 살아 있는 성자로 불리는 달라이 라마 등 선각자들이 제시하는 일반적인 방법이다.

> "어떤 짓을 하고 싶은 충동이 일어나는 바로 그 순간 정지! …… 정지하라. 어떤 욕망이 일어날 때 그 욕망의 물결을 주시하라. 그러면 그 욕망의 물결은 순간적으로 잠잠해진다."[2)]

우선 '나'라는 존재를 두 개로 상정해보자.

어떤 상황에서도 털끝만 한 흔들림도 없이 참됨을 추구하고 진리와 일체가 된 진정한 '참나'가 있다. 한편 이러한 완전한 '참나'와는 달리, 미움이나 분노 등 감정에 흔들리고 망상에 사로잡혀 쉴 새 없이 요동치는 불완전한 '거짓나'가 있는 것이다.

'응시의 방법'은 '참나'가 미움이나 분노 등과 같은 부정적인 격렬한 감정에 휩싸인 '거짓나'를 마치 눈앞의 어떤 물건을 대하듯 물끄러미 바라보는 것이다.

'거짓나'를 나와 아무런 상관없는 객관적인 물건이나 대상으로 보고, 그것이 옳다거나 그르다는 등의 판단도 하지 말고, 그저 아무런 생각 없이 지긋이 '바라보기(응시)'만 하라는 것이다. 이처럼 '참나'

---

2) B.S. 라즈니쉬, 석지현 옮김, 앞의 책, 136쪽.

가 '거짓나' 그 자체를 응시하는 순간 마음의 작용도 함께 정지된다.

진정한 실체인 '참나'가 분노나 증오 등 감정에 휩싸인 '거짓나'를 그저 응시하는 바로 그 순간, '거짓나'는 나와 분리된 존재로서 더 이상 내가 아닌 단순한 물건이나 대상에 불과한 것이 된다. 그리고 더 이상 내가 아니므로 분노나 증오 등 감정 때문에 일어난 마음의 요동은 사라지고, 다시 흔들림 없는 '참나'의 상태만이 존재하게 된다.

이때 중요한 것은 이러한 부정적인 감정에 휩싸인 '거짓나'가 옳다거나 그르다는 등의 가치판단을 하지 말고, '참아야겠다' 혹은 '대응해야겠다'는 등의 생각도 하지 않아야 한다. 그저 아무 생각 없이 지긋이 바라보기만 하는 것이다.

만약 가치판단을 하거나 생각을 하게 되면 그러한 부정적인 감정에서 떠나는 것이 아니라 오히려 그 감정에 얽히거나 생각이 꼬리에 꼬리를 물게 되고, 부정적인 감정에 더욱 더 깊이 빠져들게 되는 것이다.

'참나'의 마음은 오직 '거짓나'를 그저 바라보고 느끼고, 의식하기만 해야 한다. 거기에서 단 1밀리미터라도 어긋나면 진리에서 벗어나는 것이다. 한걸음 더 나아가, '거짓나'만을 바라보고 느끼기만 하자는 생각조차 가져서는 안 된다.

그런 생각은 자신을 그저 바라보기만 하는 것이 아니라, '거짓나'

를 그저 바라보기만 하자는 또 다른 욕망에 얽매인 상태이기 때문이다.

이렇게 '거짓나'를 그대로 응시하지 못하고 거기에 어떤 의욕이나 욕망이 개입되면 그 순간 진리와는 멀리 떨어지고, 왜곡된 현상만을 마주하게 된다.

그러나 응시만 하라고 하여 아무런 주의를 기울이지 않고 그저 멍한 상태로 있으라는 이야기는 아니다. 정신은 늘 맑고 예민하게 깨어 있는 상태여야 하고, 전인적으로 대상에 집중하고 있어야 한다.

주의를 기울이라는 것은 거기에 대해 이런저런 생각을 하라는 것이 아니라, 단지 감정을 지켜보고 충분히 느끼면서 '있는 그대로'를 받아들이라는 것이다.

중요한 것은 그 느낌이 무엇인지 분석하거나 생각하는 것이 아니라, 그저 그 상태를 있는 그대로 바라보기만 해야 한다는 점이다.

크리슈나무르티는 응시(凝視)에 대하여 다음과 같이 말하고 있다.

"응시는 비난을 수반하지 않는 관찰이다. 응시는 이해를 가져온다. 왜냐하면 응시에는 비난이나 동일화라는 것이 없고, 무언(無言)의 관찰만이 있기 때문이다.

만일 내가 무엇인가를 이해하려고 한다면, 나는 관찰해야 한다.

그것을 비평한다든가 비난해서는 안 되고, 그것을 즐거움으로 추구해서도 안 되며, 또한 즐거움이 아니라고 회피해서도 안 된다. 단 하나의 사실을 잠자코 관찰해야 한다. 거기에는 목적이 없이 현실적으로 일어나고 있는 모든 것에 대한 응시가 있을 뿐이다.

자기를 개선하고 싶어 하는 사람은 결코 응시할 수 없다. 왜냐하면 개선은 비난이나 결과의 달성을 의미하고 있기 때문이다. 이에 대하여 응시 중에는 비난도, 부정도, 용인도 수반하지 않는 관찰이 있다.

응시는 모든 사고, 감정 행위 등이 자기 마음속에 생길 때마다 끊임없이 관찰하는 것이다. 응시는 비판적인 것이 아니기 때문에 축적되는 일이 없다. 응시는 그대가 매일 하고 있는 활동, 사고, 행위, 그리고 타인들을 주의 깊게 관찰하는 것이다."[3]

일반적으로 어떤 상황을 개선하거나 새롭게 변하기 위해서는 시간과 노력이 필요하다고 생각한다. 예를 들면 늦잠을 자는 습관이 있다면 이 습관을 고치기 위해서 많은 노력이 필요할 것이다라고 생각하는 것처럼 말이다.

대부분의 경우, 그 습관을 고치는 과정에서 늦잠 자는 자신의 게으름에 실망하면서 이를 고쳐야겠다는 각오를 새롭게 하고, 일어

---

3) 크리슈나무르티, 『자기로부터의 혁명』, 215~216쪽.

나기를 원하는 시간에 자명종 시계를 맞추어놓는 등 여러 가지 노력을 한다.

그러나 그런 노력의 내면을 들여다보면 곧 과거의 자기와의 투쟁이고 불안이며 실망하는 감정이 뒤섞여 있다. 문제는 이러한 감정이 결국 자신과의 끊임없는 투쟁의 연속이고, 후회와 자괴감의 연속이라는 점이다.

이것은 진리가 아니다. 진리는 투쟁과 후회와 자괴감이 없는 상태다. 그렇다면 어떻게 해야 변화를 달성하며, 동시에 진리에도 어긋남이 없는 '두 마리의 토끼'를 잡을 수 있는가.

그것은 아무런 선입견이나 의지가 개입되지 않는 그야말로 조용한 '응시'로써 가능하다. 모든 선입견과 의지적 작용을 배제하고 그저 물끄러미 대상—그 대상은 자신일 수도 있고, 다른 사람일 수도 있으며, 고치고 싶은 게으름이나 나태한 습관, 바람에 흔들리는 나뭇잎이나 내리고 있는 빗줄기 등 모든 현상일 수도 있다—을 바라보고 있을 때 가능해진다.

응시를 지속하는 어느 순간, 불현듯 세상이 텅 빈 것 같은 고요가 찾아온다. 동시에 나의 마음이 마치 정물화처럼 침묵 속에 정지된 것 같은 침착함을 느끼게 된다.

그때 내 밖의 대상은 있는 그대로의 모습으로 나에게 다가오고,

그러한 느낌을 통해 나에게 변화와 발전이 찾아오는 것이다.

비움과 채움

응시의 방법이 진리에 이르는 길임에는 틀림없다. 그러나 보통사람들에게는 '모든 것을 내려놓고 그저 응시한다'는 수련방법으로 죽 끓듯이 일어나는 온갖 잡념과 부정적인 요소들을 단절시킨다는 것이 결코 쉬운 일이 아니다.

조용히 응시하는 순간, 마치 조용한 호수에 바람이 불어와 물결이 일듯이 온갖 잡념과 새로운 생각들이 일어나 마음을 산란하게 만들어놓기 일쑤다. 우리의 생각은 너무도 자유분방하고 찰나의 순간도 멈추어 있거나 고요 상태에 머물지 못하도록 습관화되어 있기 때문이다.

그렇기에 대상을 응시하고 있는 순간에도 흐르는 물줄기가 빈 웅덩이를 순식간에 점령해버리듯이, 온갖 생각과 의욕과 상념이 먹구름처럼 몰려들어 '응시 자체'를 불가능하게 하는 경우가 많다.

비어 있는 곳이 채워지는 것은 자연의 이치다. 빈 그릇일수록 무엇인가를 채우기가 쉽다. 공기는 고기압에서 저기압 쪽으로 이동한다. 흐르는 물은 조금의 틈만 있어도 흘러들어 공간을 채우고 만다.

마음도 마찬가지다. 마음에 조금의 틈만 보이면 어김없이 온갖 생각이 그 틈새를 파고든다. 마음 밭에 아름다운 꽃씨를 뿌려서 가꾸지 않으면, 곧 바로 억센 풀씨가 날아와서 그곳을 점령해버리는 식이다. 한 번 잡초가 점령한 땅에는 나중에 좋은 씨앗을 뿌려도 아름다운 꽃을 피워내기 어렵다.

어떻게 이러한 상태를 극복할 것인가. 정신이 통제하기 힘들 정도로 산란해질 때면 '응시'나 '비움'의 상태에 머물지 말고 적극적으로 '채움'의 상태로 돌입해야 한다.

'응시'하거나 '비우면' 그보다 더 강한 욕구나 사념이 빈 공간으로 치고 들어오기 때문에 아예 빈 공간 자체를 없애버리라는 것이다.

그릇을 가득 채워 놓으면 더 이상 다른 물질이 들어올 수 없다. 흐르는 물도 빈 공간이 없으면 그냥 넘쳐서 흘러간다. 빛이 있는 곳에 어둠이 자리할 수 없으며, 어둠이 이미 자리 잡은 곳이라도 빛이 들어가면 어둠은 즉각 사라진다.

그렇기에 '순간'을 훌륭하거나 중요한 일로 빈틈없이 가득 채워야 한다. 그것이 바로, 영혼과 정신과 마음과 신체의 힘을 100% 집중하는 일이다.

공부나 일을 하는 것이 그 자체로서 미치게 좋고 즐거워야 한다. 나중에 성적이 오르고 일의 성과가 나타나는 것은 어디까지나 부산물에 불과하다. 공부나 일 그 자체를 미치게 좋아하면서 즐거운 마음으로 자발적으로 할 때에만 우리는 그 순간에 최상의 행복과 만족감을 느낄 수 있고, 최상의 능력을 발휘할 수 있다.

공부나 일 자체를 좋아해서 즐겁게 하는 사람은, 공부나 일을 하는 것 자체로 이미 심리적 만족감을 얻었기 때문에 그 이외의 성과라든가 물질적 혜택이나 명예감 같은 별도의 보상이 필요치 않은 것이다.

부정적 모드(mode)의 뿌리

누구나 공부나 일을 열심히 하기를 원하고, 또 이성적으로나 감성적으로 가치 있고 밝고 의로운 것만을 지향하고자 한다. 동시에 죄나 게으름이나 무기력 등 부정적이고 어두운 상황에 빠져서는 안 된다는 것을 잘 알고 있다.

그럼에도 불구하고, 우리는 때때로 무가치하고 경우에 따라서는 범죄가 되는 행위를 하게 된다. 퇴폐적이고 나태한 생활을 하는 등 부정적인 모드에 젖어들 때도 많다. 이런 부정적인 현상의 원인은 타고난 유전적 요인이나 잘못된 습관 때문이다.

인간은 연약한 존재다. 더욱이 속성상 긍정모드보다는 부정모드, 즉 집중보다는 느긋함, 일보다 놀기, 능동보다는 수동 등 쉽고 편안한 것을 추구하는 성향에 빠지기 쉽다.

나는 청소년 시절과 대학생 시절을 후회 없을 정도로 나름대로 열심히 노력하는 삶을 살았던 것 같다. 하루 24시간이 부족할 정도로 고시공부, 가정교사, 운동, 심신단련 등 학업과 인격수양을 위해 열심히 노력했다고 할 수 있을것 같다.

그런 나도 한때 잠시 나쁜 버릇을 가졌던 적이 있었는데, 그것은 공부하다가 싫증이 나면 무협소설을 읽는 일이었다.

1970년대 초반, 중국 무협소설이 매우 유행하던 시절이었다. 무협소설을 하루에 네다섯 권 읽기도 했다. 하루 네 시간 정도 자고, 가정교사 아르바이트를 하면서 시간을 쪼개 공부하는 상황이었다. 단 1분도 허투루 낭비해서는 안 될 절박한 상황이었는데도 한 번 무협소설을 읽기 시작하면 온종일 읽어댔다.

당장 해야 할 일(공부) 대신 엉뚱한 일(무협소설 읽기)에 빠져 있다가 집으로 돌아올 때의 허무하고 참담한 심경은 누구나 한두 번씩은 경험해본 일일 것이다.

사람은 뻔히 후회할 줄 알면서도 정작 해서는 안 될 일을 하게 되는, 마치 불에 타 죽을 줄 뻔히 알면서도 불에 뛰어드는 불나방처럼 연약하고 모순 가득한 존재다.

내가 당시 '딴짓하기'라는 '부정(否定)모드'에 빠져든 이유는 무엇일까.

부정모드에 빠지는 이유는 여러 가지다. 일단 인간은 동물이기 때문에 살고 죽는 데 대한 두려움 같은 타고난 어두움이 있으며, 유전적, 사회적, 환경적 원인과 잘못된 습관 등이 부정적인 모드의 원인이다.

그러나 가장 중요한 원인은 '지금·여기'에 몰입하지 못하고, '지금·여기'가 아닌 다른 것에 관심을 두기 때문이다. 마음은 지금 고시공부를 해야 하고, 무협소설을 보면서 시간을 허비하여서는 안 된다고 강하게 외치고 있다.

그러나 마음의 저항을 묵살하고 무협소설을 읽어댄 것은 고시공부에서 생각이 떠나 어제 읽었던 무협소설의 재미를 회상했기 때문이다. 다시 말해서 나의 생각(존재)이 '지금·여기'에 있는 공부를 떠나, '어제(과거) 그리고 저기(무협소설)'로 옮겨간 까닭이다.

단전호흡과 '참나' 찾기

부정적인 모드를 긍정적이고 적극적인 모드로 전환하는 일은 생각처럼 쉽지 않다.

공부하기 싫은데 억지로 공부를 하는 일은 마치 거센 물살이 흘러내리는 강물을 거슬러서 헤엄치는 것과도 같다. 그렇다고 해서 공부나 일을 하지 않고, 놀고 싶은 감정이나 피곤한 상태에 굴복해 '지금·여기'를 희생시킬 수는 없다.

우리는 '지금·여기'에 100% 몰입함으로써 부정적인 모드의 요소 등이 들어올 여지를 없앨 수 있다. 그리고 나의 체험에 비추어 볼때 '지금·여기'에 100% 몰입하는 가장 효과적인 방법이 바로 단전호흡법 이라고 생각한다.

부정적인 모드에서 벗어나거나 '거짓나'에서 '참나'로 옮겨가기 위해서는 꾸준히 단전호흡 수련을 해야 한다. 단전호흡을 실행함으로써 자기의 의식을 '하기 싫은 생각'이나 '다른 것을 하고 싶은 생각'으로부터 단절시키는 것이다.

그리고 호흡에 의해서 '참나'로 돌아온 상태에서 이미지 트레이닝, 즉 자신이 즐거운 마음으로 열심히 공부나 사무를 보고 있는 모습을 떠올리고, 동시에 공부나 업무가 최상의 상태로 잘되고 있다고 생각하는 것이다.

이러한 훈련과 노력을 계속하면, 자신도 모르게 바람직한 모습의 '참나'로 서서히 변화되어 간다.

빛이 강하면 어둠이 설 자리가 없고, 칠흑 같은 어둠도 한 줄기 빛으로 밝힐 수 있듯이, 갈팡질팡하고 무능력하고 게으르고 부정적인 모드에 젖어 있는 '거짓나'가 '참나'로 자신도 모르는 사이에 변환되는 것이다.

한 대학생이 어느 화창한 봄날 벚꽃이 만발한 번화한 거리를 걸어가고 있다. 그 길에는 따사로운 봄볕이 내리쬐고 있었고, 화사한 벚꽃이 흐드러지게 피어 있었으며, 주위는 즐거움과 생명력이 충만해 있었다.

대학생은 주위의 아름다운 풍경에 젖어 저절로 콧노래가 나올 정도로 마냥 즐겁고 행복하기까지 하였다. 이렇게 즐겁고 행복한 마음으로 거리를 걷던 대학생이 주머니 속의 지갑을 소매치기 당하고 말았다. 그 순간 대학생의 마음은 분노가 치밀고 잃어버린 돈에 대한 아쉬움으로 눈앞이 캄캄했다.

그러나 소매치기를 당한 사실은 이미 지나가버린 과거에 불과하고 그렇게 분노하고 절망한들 상황은 조금도 나아질 수가 없다. 그렇게 분노하고 절망한들 도둑을 잡을 수도 없고, 단 한 푼의 돈도 돌아오지 않는다.

차라리 분노하고 절망하는 자신을 응시하여 평정심을 찾거나, 단전호흡에 집중하거나, 아름답게 피어 있는 꽃과 따뜻한 봄날의 정취에 100% 몰입함으로써 소매치기 당한 사실에 붙잡혀 있는 자신을 벗어나는 것이 훨씬 더 바람직한 것이다.

화가 났을 때, 두려움이 생겼을 때, 시험에서 실패하는 등 슬픔과 고통에 처했을 때 등 부정적인 모드에 빠지게 되었을 때 단전호흡을 하면 쉽게 그 상태에서 벗어날 수 있다.

호흡에 의식을 100% 집중하고, 모든 부정적인 인식이나 감정을 다 밖으로 내보낸다고 생각하면서 매 호흡마다 단전에 이르도록 부드러우면서도 길게, 끊어지지 않으면서 깊고 가느다랗게, 그리고 소리가 나지 않게 호흡한다.

그러면 자신도 모르는 사이에 어느덧 모든 부정적인 모드는 떠나버리고, 우리의 전 존재가 일체로서 우주와 합일된 상태에서 호흡만 하고 있게 된다.

그때 우리는 죽음에서 생명으로, 거짓에서 진리로, 고통에서 평안으로, 모든 부정에서 긍정과 기쁨이 충만한 생명으로 전환되는 참된 삶을 살아가게 되는 것이다.

무엇보다 어떻게

삶에서 무엇을 하는지도 중요하지만, 더 중요한 것은 그 일을 어떻게 하는가 하는 점이다. 아무리 훌륭한 일이라도 집중하지 못하고 억지로 하면 거기서 얻는 성과는 극히 미미해지고, 일한다는 것 자체가 고된 작업이 되며, 심리적으로 불행한 상태에 빠지게 된다.

그러나 아무리 사소한 일이라도 완전히 집중하여 즐거운 마음으로 열심히 하면, 거기서 얻는 성과는 결코 작지 않고 일하는 것 자체에서 행복감을 느낄 수 있다.

다시 말해서 우리가 어떤 일에 행복감을 느낄 수 있는지의 여부는 '무엇을 하느냐'가 아니라 '어떻게 하느냐'에 달려 있는 것이다.

일(공부)을 하면서도 하기 싫은데 억지로 한다면 일의 성과가 나지 않을 것은 말할 것도 없고, 나쁜 습관만 기르게 된다. 하기 싫은 일을 억지로 하느니 차라리 하고 싶은 게임을 즐겁게 하는 게 낫다. 그것이 실력을 쌓는 데는 아무런 도움이 되지 않더라도, 최소한 '바로 지금 그리고 여기'에 집중하는 습관만은 얻을 수 있다는 점에서 그렇다.

대부분의 경우, '공부는 좋은 것이고, 게임은 공부보다 못하다'고 판단한다. 또 깨달음을 얻기 위해서는 기도나 수도를 해야 하고, 좋은 몸매를 유지하기 위해서는 꾸준히 운동을 해야 한다는 고정관념을 갖고 있다. 즉, 무엇은 해야 하고 무엇은 해서는 안 된다는 생각에 고착되어 있는 것이다.

공부를 해야 한다고 하여 하기 싫은데도 억지로 책상에 앉아 있는 것은 차라리 공부를 하지 않는 것만 못하다. 모든 것이 마찬가지다. 쉰다고 하면서 TV나 보고 있으면 그것은 쉬는 것이 아니라, 우리의 생각을 수동적으로 만들고 눈을 피곤하게 하는 등 피로만 더 쌓이게 할 뿐이다.

공부를 한다면 공부에 대한 사랑과 열정을 가지고 적극적으로 몰입해야 한다. 성적이나 시험 때문이라는 등 어떤 목적이나 의무감으로 하는 것이 아니라, 공부를 하는 것 그 자체에 보람과 즐거움을 가져야 한다.

얕은 물에서만 헤엄친 사람은 깊은 물을 두려워한다. 우리가 수시로 감정에 휘둘리거나, 몸의 피곤함이나 여건 때문에 정신집중을 하지 못하고 환경의 지배를 받는다면 뿌리가 깊지 못한 나무처럼 쉽게 넘어지고 만다.

뿌리 깊은 나무는 아무리 거센 태풍이 몰아쳐도 건재하다. 처음에는 일어서지도 못했지만 반복되는 시도와 노력 끝에 일어서는 아기처럼 우리는 끊임없이 노력하고 어려움을 극복해나감으로써 뿌리 깊은 나무가 되어야 하는 것이다.

태양은 변함없이 같은 자리에서 똑같은 빛을 발하고 있지만, 그것을 받아들이는 위치에 따라서 한쪽은 더운 지역, 다른 쪽은 추운 지역으로 나뉜다.

태양을 바라보고 있으면 따뜻하고 밝음을 온몸으로 느끼지만, 태양을 등지고 서면 상황이 완전히 달라지고 자신의 어두운 그림자를 보게 된다.

마찬가지로 우리가 보다 적극적이고 긍정적인 태도를 갖느냐, 반대로 소극적이고 부정적인 생각을 갖느냐에 따라 결과는 큰 차이가 나는 것이다. 어느 길을 택하느냐는 전적으로 자신에게 달려 있다. 물론 말할 것도 없이 우리는 항상 적극적이고 자발적이며 긍정적인 태도로 살아야 할 것이다.

인간은 영적인 존재이고, 생각의 틀과 훈련과 습관을 통해 무한히 발전할 수 있는 존재이다. '지금·여기'에 100% 집중하지 못하고 쓸데없이 지나간 고통과 다가올 미래에 대한 걱정에 얽매이는 것 또한 잘못된 생각의 틀과 습관 때문이다.

TV 앞에 앉아 야구나 축구를 한 시간 관람하는 것보다는 차라리 산책을 하거나 밖에 나가서 직접 야구공을 한 번 던지거나 축구공을 한 번 차는 것이 훨씬 낫다.

TV시청이라는 소극적이고 수동적인 활동보다는 직접 흙을 밟고, 신선한 공기를 마시고, 푸른 생명으로 가득 찬 나무숲을 보고 느끼는 산책이 훨씬 자신을 풍요롭고 행복하게 하는 태도이기 때문이다.

이렇듯 우리는 살아가면서 어느 경우에나 적극적이고 능동적인 활동, 그 자체를 추구해야 한다. 오직 지금 이 순간에 충실하는 것, 이 또한 의지와 훈련에 의해서 충분히 이룰 수 있고, 마음껏 누릴 수 있는 경지다.

자기목적(自己目的)적인 사람

공부나 일 등을 할 때 그런 행동으로부터 파생되는 결과물이 아닌 그 일을 하는 행위 자체만을 목적으로 삼는 사람을 '자기목적적인(Autotelic) 사람'이라고 한다.

예컨대 공부를 해서 성적을 올리거나 일을 하여 경제적 수입을 기대하는 것이 아닌 오직 공부가 좋아서 공부하고, 일이 좋아 일하는 사람을 가리킨다.

심리학자 애들라이 게일은 아주 우수한 200명의 청소년을 대상으로 자기목적성이 있는 집단과 자기목적성이 없는 집단으로 나누어 실험을 했다.

실험결과 자기목적성이 있는 상위 50명의 집단은 아주 어려운 과제를 해결할 수 있는 실력이 자신에게 있다고 믿었고, 자기목적성이 없는 하위 50명의 집단은 그와는 반대되는 성향을 가졌다.

또 자기목적성이 있는 집단에 속한 청소년이 그렇지 않은 다른 집단에 속한 청소년보다 공부를 두 배 이상 했고 성적도 훨씬 더 좋았다.

두 집단은 취미에서도 확연히 달랐다. 취미 활동에 들이는 시간은 전자와 후자가 6% 대 3.5%, 운동에 쏟아부은 시간은 2.5% 대 1%였다.

후자가 유일하게 더 많은 시간을 투자하는 쪽은 TV시청이었다. 자기목적성이 없는 집단의 TV를 보는 시간은 15.2%로, 자기목적성이 있는 집단의 8.5%보다 두 배가량 더 높은 것으로 나타났다.

심리학자 헥트너의 또 다른 연구도 마찬가지 결과를 보여 준다. 헥트너는 미국의 고등학생 가운데 자기목적성이 있는 집단과 자기목적성이 없는 집단을 각각 202명씩 선정하여 공부할 때와 아르바이트할 때 나타낸 반응을 일주일에 걸쳐 추적했다.

연구결과 자기목적성을 갖춘 고등학생 집단은 그렇지 않은 집단에 비해 공부와 아르바이트 등 생산 활동을 할 때 집중력이 높고, 자부심도 눈에 띄게 강했으며, 지금 자신이 하는 일이 앞으로 살아가는 데에도 무척 중요할 거라고 생각하는 비율이 훨씬 높은 것으로 조사됐다.

경험추출법(ESM)[4]에 의한 연구에 따르면 사람들이 고도의 집

---

4) 경험추출법(Experience Sampling Method, ESM): 1970년대 시카고대학에서 개발한 조사방법으로, 많은 실험 대상자에게 '직접 묻거나 실제 경험' 등을 조사해 결과를 도출해 내는 방식이다.

중력을 발휘할 때 공부나 일을 하는 능력이 매우 좋아질 뿐만 아니라, 동시에 신체적으로도 건강해진다고 한다. 즉, 현재 하고 있는 일에 집중하면 뇌파가 정신활동을 할 수 있는 최적의 상태로 변함과 동시에 스트레스를 극복하는 호르몬이 분비된다는 것이다.

따라서 '지금·여기'에 집중력을 발휘하면 할수록 정신적 신체적으로 힘이 드는 것이 아니라 오히려 심신 상태가 좋아진다는 것이다.

예컨대 쌓인 피로를 푼다며 주말에 잠만 자거나 별다른 활동을 하지 않는 것보다 작은 일이라도 적극적으로 활동하는 사람이 더 빠르게 활력을 되찾을 수 있다는 이야기다.

요즘 사람들은 치열한 생존경쟁으로 인해 각종 스트레스가 누적되고 그 결과 자율신경의 리듬이 파괴되어 두통·신경·불안증·불면증·고혈압·요통·소화불량과 같은 각종 질환에 시달리고 있다. 약을 먹거나 병원을 찾기에 앞서 단전호흡, 명상, 요가 등 각종 심신 수련을 통해 '지금·여기'에 몰입하는 집중력 훈련부터 한다면 훨씬 더 건강해질 수 있을 것이다.

매사에 고도의 집중력을 발휘하면 맥박과 호흡·소화 등 자율신경이 관장하는 모든 생리현상이 원활하게 작동하며, 이에 따라 각종 질환을 치유 또는 개선할 수 있다는 것은 이미 과학적으로 밝혀져 있는 사실이다.

'작심삼일'의 뿌리

잘못된 사고와 행위와 습관은 잠재의식에 그대로 저장되어 그 사람의 생각과 행동을 평생토록 지배하는 강력한 힘으로 작용한다.

이러한 잠재의식 속에 있는 부정적인 힘을 약하게 하거나 없애지 않고서는 '옛사람(Old self)'을 벗어버리고 '새사람(New self)'으로 바뀌는 것이 결코 쉽지 않다.

오랫동안 담배를 피우던 사람이 담배를 끊겠다고 '현재의식'이 결심을 하여도, 이미 '잠재의식' 속에 담배의 맛과 담배를 피우는 습관이 강렬한 힘으로 각인되어 있어서 현재의식의 의지(결심)가 잠재의식의 힘을 이기지 못해 다시 담배를 피우게 된다.

도박을 좋아하는 사람은 늘 도박생활을 청산하기로 결심하지만 쉽게 도박의 유혹에 넘어가고 만다. 현재의식이 도박을 끊겠다는 결심을 하지만, 오랜 도박생활을 통하여 잠재의식 속에는 도박을 좋아하는 의식이 깊이 뿌리박혀 있기 때문이다.

이때 잠재의식은 도박을 끊겠다는 현재의식보다 훨씬 강력하며, 또한 먼저 발동한다. 따라서 도박을 끊겠다는 의지(현재의식)가 도박을 좋아하는 의식(잠재의식)을 이겨내지 못하고 다시 도박을 하게 되는 것이다.

우리가 공부하기 싫다는 생각을 하면 그러한 생각이 나도 몰래 잠재의식 속에 자리를 잡게 되고, 그런 생각을 자주 하면 할수록 잠재의식 속에 더 뿌리 깊이 박히게 된다.

그렇게 되면 나중에 현재의식이 아무리 공부를 하겠다고 결심해도 공부를 하기 싫다는 잠재의식의 강한 힘을 이겨내지 못하게 되는 것이다.

게임을 자주 하거나 TV시청을 즐겨하던 학생이 마음을 잡고 앞으로는 공부만 열심히 하겠다고 결심하고 열심히 공부에 매달린다. 그런데 공부를 하고 있는 중에도 게임을 하고 싶은 생각이나 TV를 보고 싶은 생각이 계속해서 일어난다.

이러한 유혹을 이겨내려고 안간힘을 쓰면서 공부를 해보지만 억지로 하는 공부이기 때문에 능률이 오르지 않고, 공부를 해야 한다는 의무감과 게임이나 TV를 보고 싶은 잠재의식 사이에서 갈등하게 된다. 그리고 대체로 승리하는 쪽은 현재의식보다 훨씬 강력한 힘을 지닌 잠재의식이다.

인간의 인식기능 3대 요소인 지성(知), 감성(情), 의지(意) 가운데, 지성(知性)은 다분히 인위적이고 인식 범위 내의 좁은 영역인 반면, 감성(感性)은 온 우주의 삼라만상과 직접적인 연결을 갖는 것으로 그 영역이 실로 광대무변하다.

그리고 이러한 감성적인 기능이 우리의 습관과 행동에 결정적인 영향을 미치기 때문에 의지의 힘만으로는 이미 감성(무의식)에 형성된 나쁜 습관을 고치기가 쉽지 않은 것이다.

이렇게 우리가 담배나 술을 쉽게 끊지 못하고, 게으른 생활태도, 음식을 가리는 습관, 늦잠 자는 습관 등 잘못된 습관에서 잘 벗어나지 못하는 것은 우리 스스로 지금까지 나쁜 방향의 생각이나 행동을 주로 택하며 살아왔기 때문이다.

그리고 그것들은 잠재의식 세계에 강한 힘으로 자리 잡고 있다가 우리가 지금까지 살아온 방식과 다른 행위를 하려고 하면 이를 방해하는 강한 힘으로 작용한다.

그렇다면 잠재의식에 이미 각인된 '작심삼일의 뿌리'인 부정적인 요소들은 어떤 방법으로 제거 또는 약화시킬 수 있는 것일까. 어떤 노력을 기울여야 '거짓나'에서 벗어나 '참나'를 회복할 수 있을 것인가.

인격·능력·습관·행동 개선법

첫째, 잠재의식 속에 형성된 부정적이고 무능력한 인자를 제거해야 한다.

과거의 잘못된 인자를 제거하기 위해서는, 이를 거부하고 개선하기 위한 의지·행동을 강렬한 힘으로 반복적으로 되풀이해야 한다.

처음에는 힘들더라도 잘못된 것을 고치겠다는 강한 의지와 실천적 행동을 계속해야 한다. 비록 그 결심이 3일을 지켜내지 못할지라도 실망하지 않고 다시 결심하고 또 결심하고, 실행하고 또 실행해야 하는 것이다.

둘째, 부정적이고 무능력한 인자가 형성되지 않고, 긍정적이고 바람직한 잠재의식이 형성되도록 마음과 행동을 의식적으로 통제해야 한다.

'바로 지금 그리고 여기'에 영혼과 마음과 신체가 일체가 되어 전인적으로 100% 몰입하는 습관을 길러야 한다. 또 호흡법을 통하여 뇌파와 신체적 활동력이 최상의 상태에서 '바로 지금 그리고 여기'에 집중하는 것도 습관화해야 한다.

우리는 아직까지도 현재의식 너머에 있는 잠재의식의 세계가 어떤 것인지조차 제대로 알지 못하고 있다. 따라서 나쁜 정보가 이미 각인되어 있는 잠재의식의 세계를 바람직한 방향으로 바꾼다는 일은 결코 쉬운 일이 아닐 것이다.

능력계발과 행동·습관의 개선은, 먼저 더 이상 잠재의식 속에 나쁜 자료가 입력되지 않도록 하는 데서 출발해야 한다. 생각하지 말아야 할 것을 생각해서는 안 되고, 눈으로 보아서는 안 될 것을 보아서는 안 되며, 귀로 들어서는 안 될 것을 들어서는 안 되고, 입으로 말해서는 안 될 것을 말해서는 안 된다.

별 생각 없이 생각하고, 듣고, 보고, 말하는 것들은 그대로 여과 없이 잠재의식 속으로 스며들어 나의 본성과 성격의 바탕을 형성하고 왜곡시킨다. 그리고 결국에는 무섭고 강력한 족쇄로 나를 얽매고 있다가 기회만 되면 강력한 힘을 발휘하여 나를 조종하는 것이 잠재의식이다.

셋째, 종전에 해오던 나쁜 사고·행동·습관을 즉각 버리고, 매 순간을 자신이 원하는 가장 바람직하고 훌륭한 것으로 채워야 한다. 잠재의식 속에 최선·최고의 자료만을 입력하는 것이다.

심리학자 윌리엄 제임스는 말한다.

"훌륭한 일을 하라! 그러면 훌륭한 존재가 될 것이다. 당신이 품은 그 모든 결심을 바탕으로 행동할 수 있는 첫 기회를 잘 포착해 당신이 얻고자 하는 행동을 하도록 하라. 그러면 당신은 비슷한 욕구나 자극이 일어날 때마다 그것을 극복하는 힘이 점점 강해지는 것, 즉 점점 쉽게 당신이 원하는 방향으로 갈 수 있는 것을 경험할 것이다."

철학자 아리스토텔레스는 말한다.

"사람은 먼저 미덕을 행동으로 옮기면서 미덕을 익히고, 공정한 행위를 실천함으로써 공명정대한 존재가 되고, 자제를 실천함으로써 자제심을 발휘하는 존재가 되고, 용기 있는 행동을 수행함으로써 용기 있는 사람이 된다."

결론적으로 잠재의식 속의 기질이나 습관을 바꾸는 가장 효과적이고 강력한 방법은, 생각과 행동을 바꾸는 것이다.

그렇다면 왜 행동을 바꿔야 잠재의식이 바뀌는 것일까?

첫째, 어떤 행동을 하면 그 행동이 잠재의식 속에 새겨져 사고나 행동, 습관을 결정짓는 새로운 자료로 기능한다. 그리하여 잠재의식이 비슷한 상황을 직면하면 처음 행동했던 대로 행동하려고 하게 된다.

둘째, 어떤 행동을 실천에 옮기는 횟수가 많아지면 많아질수록 그 행동을 거의 자동적으로 반복하게 되며, 그 결과 그것이 제2의 천성이 된다.

사고나 행동 그리고 습관을 고치는 것이 쉬운 일은 아니지만, 강인한 결단력으로 계속 고쳐나가면 그 고쳐나가는 행위가 제2의 천성과 습관이 되어 나중에는 변화가 일어나 조금도 힘들이지 않고 자연스럽게 변화된 행동을 할 수 있게 되는 것이다.

이렇게 생각과 행동이 바뀌면 모든 사고와 행동과 습관을 좌우하는 무의식의 상태가 바뀐다. 어떤 목표를 설정하고 결심을 한 후 이를 실천에 옮기면 그 실천으로 옮긴 행동상의 작은 변화들이 나의 의식과 무의식의 세계에 변화를 가져오고, 그 작은 변화는 다음 행동의 변화를 더 쉽게 만드는 것이다.

여기서 보다 더 직접적이고 효율적인 성과를 거둘 수 있는 방법을 모색할 필요가 있는데, 그 가장 효과적인 방법이 바로 집중력을 기르는 것이다.

'참나'가 끊임없이 자기의 내면세계를 예민하게 통찰하면서 고도의 집중력을 발휘해 '지금·여기'에 100% 집중하는 습관을 기르면, 점차 무의식적인 인자가 활동할 범위가 축소되고 의식화되어 '참나'가 원하는 생각과 행동을 자연스럽게 할 수 있게 된다.

이렇게 '참나'를 이루어가는 과정을 융[5]은 '자기실현의 과정' 혹은 진정한 의미의 개별적자아가 된다는 뜻에서 '개화(個化)과정'이라 했다.

실례로, 나는 대학생이 될 때까지는 극히 내성적이고, 소극적인 성격이었다. 거기에 경제적으로 어려워 고등학교 2학년을 중퇴하다 보니, 나도 모르게 열등의식까지 생겨나 한동안 대인기피증에 시달리기도 했다.

---

5) 칼 구스타브 융(Carl Gustav Jung, 1875~1961): 스위스의 의사·심리학자. 이른바 '집단무의식'의 개념으로 심리학의 새로운 장을 열었다.

어린 시절에는 하루 종일 일만 하면서 단 한마디의 말도 하지 않을 때가 많았다. 사람들 만나는 것을 꺼리고 자폐증적인 생활을 했다. 수줍음을 많이 탔고, 어쩌다 말을 할 때면 가슴이 뛰고 얼굴이 붉어졌다.

대학에 입학한 후, 나는 이런 성격을 고치기로 결심했다. 나는 참선 수련을 하고 검도를 하면서 몸과 마음에 자신감을 심었다. 또 신앙생활(기독교)을 하고 과외교사를 하면서 많은 사람들과 접촉하게 되었으며, 그런 과정에서 점차 성격이 바뀌기 시작했다.

당시 나는 계속 자기암시를 실시했고 가능하면 자주 웃었다. 아침에 일어날 때나 저녁에 잠자리에 들 때나 혼자서 시간을 보낼 때는 아래의 글을 암송하곤 했다.

"나는 즐거운 정신 속에 침묵 속에서 영원의 미소를 띠며, 별과 같이 빛나는 눈동자, 호수같이 맑고 고요한 마음, 태산같이 숭엄한 자세로 생활하고 있다. 자애로 빛나는 얼굴, 넓고 푸르른 사랑이 가득한 마음, 티 없이 깨끗하고 고고한 영혼 속에 강인한 생명력이 찬란히 불타고 있다."

이렇게 노력한 결과, 나는 대학을 졸업할 즈음에는 완전히 다른 사람으로 변해 있었다.

호오포노포노 치유법

  현대뇌과학의 연구결과 사람들이 원하는 바대로 하지 못하고 오히려 바라지 않는 행동을 하게 되는 이유는, 그들의 생각이나 행동의 대부분을 의식세계가 아닌 잠재의식(무의식)의 세계가 지배하기 때문인 것으로 밝혀졌다.

  "어떤 행동을 원하지만 그대로 하지 못하고, 다른 행동을 하게 되는 것은 결코 의지력이 약해서가 아니다. 인간의 현재의식이 움직이기 전에 무의식을 담당하는 뇌의 움직임이 수백 밀리 초 먼저 일어나 무의식에 각인된 부정적인 활동을 하도록 유도하기 때문이다."

  인간의식 연구의 선구자인 벤자민 리벳[6]의 말이다. 그는 이렇게 행동하려는 의지가 무의식적으로 나타나는 것을 의식적으로 통제하는 것이 매우 어렵다는 점을 밝혀냈다. 의식은 무의식에 따른 결과가 이미 나온 후 혹은 어떤 동작의 마무리 단계에서 그 행동의 결과에 대한 후회나 평가 등 소극적으로만 작용할 수 있다는 것이다.

---

[6] 벤자민 리벳(Benjamin Libet, 1916~2007) 미국 캘리포니아대학 교수. 1980년대에 리벳 교수는 피실험자들에게 자기 의지에 따라 손가락을 까닥거리게 하고, 이때 피실험자의 뇌에서 일어나는 전기신호 반응을 관찰했다. 그는 이 실험을 통해 사람이 자유의지에 따라 어떤 결정을 내렸음을 의식하기 0.3~0.5초 전에 이미 뇌신경은 그 행동을 할 채비를 하고 있다는 사실을 발견했고, '자유의지는 없다'는 가설을 제시했다.

'호오포노포노'라는 미국 하와이섬 원주민들의 갈등치료법이 있다. 이 치료법은 어떤 부정적인 행동이나 범죄적 충동을 통제하거나 처벌하는 것이 아닌, 아예 그러한 행동을 일으키는 '부정적인 잠재의식'을 정화하는 방법이다.

부정적 범죄적 행위를 원천적으로 억제하거나 제거하는 것인데, 문제를 해결하는 방법은 매우 간단하다.

자신의 내면에 갈등을 유발하는 상대방을 향해 '미안합니다. 용서하세요. 감사합니다. 사랑합니다'라는 네 가지 말을 반복해서 말하는 것이다. 상대방에게 화를 내거나 처벌해도 시원찮을 판에 자신이 먼저 사과하는 독특한 행동방식이다.

놀라운 점은, 이런 식의 갈등치유를 거듭하면 그 사람의 잠재의식 속에 있는 정보가 정화(淨化)되어 마침내 '제로(空)'의 상태에 이르게 된다는 것이다.

하와이 원주민들이 남다른 지혜로 잠재의식의 실체를 알게 되었는지 모르겠지만, 호오포노포노 치유법은 현재의식보다 잠재의식을 다루고 있다는 점에서 학계의 관심을 끌었다. 즉, 자신을 둘러싼 각종 갈등의 원인은 자신의 외부에 있는 것이 아니라, 자신의 잠재의식 안에 있음을 간파하고 있다는 점 때문이다.

사용한 접시는 이를 비워서 깨끗이 씻은 다음에야 새 음식을 담을 수 있다. 마찬가지로 무의식에 쌓여 있는 온갖 부정적인 인식이나 나쁜 습관 등을 비우고 깨끗이 정화시켜야 새로운 생명을 채울 수 있다.

담배를 끊기 위해서는 단순히 담배를 참거나 끊겠다는 의지를 강하게 하는 것만으로는 부족하다. 더 나아가 무의식에 쌓여 있는 담배를 피우고 싶다는 욕구와 그러한 욕구를 일으키게 하는 상황을 먼저 정화해야 하는 것이다.

그 방법으로 가장 효과적이고 직접적인 것이 '지금·여기'에 100% 완전히 집중(몰입)하는 생활습관을 갖는 것이다. 우리가 '지금·여기'에 집중하는 순간, 우리는 전인적으로 깨어 있어 무슨 일을 하든지 진리 그 자체와 일체가 되어 있기 때문에 잠재의식의 힘이 영향력을 행사할 틈이 없어진다.

이렇게 깨어서 몰입하는 것이 습관이 되고 체질화되면, 잠재의식 속의 어두움의 영역은 점차 좁아지고, 마침내 우리의 현재의식에 의해서 우리의 사고나 행동을 완전히 통제할 수 있게 된다.

글을 맺으며

#. 어떤 연유에선지 철이 들고 난 이후부터 늘 진정한 참삶에 대한 관심을 키워 왔다. 주어지는 삶에 순응하고 즐기기보다는 삶의 본질에 대해 진지하게 성찰하고자 했고, 삶의 고비마다 주어지는 작은 성취에 만족하기보다는 더 큰 성취를 향해 눈길을 돌리는 식이었다.

#. 이른바 초년고생을 경험했던 탓일까. 대학 시절부터 늘 밝고 맑은 영혼을 간직하고자 했고, 어두운 세계의 유혹이나 타락에 빠지지 않는 강하고 근원적인 능력과 힘을 길러야 한다고 생각했다.

그런 탓인지 물질보다 정신을 우선시하였고, 명상과 호흡, 종교에 깊은 관심을 가졌으며, 다양한 운동을 통해 심신을 조화롭게 가꾸어 왔다. 돌이켜보면 하루하루 최선을 다하는 그런 시간들이었던 듯하다.

그리고 삶에 대한 이런 수고로움과 진지함에 대한 응보(應報)는 감사하게도 지나온 반세기의 삶에서 그런대로 성취를 통해 나타난 것 같다.

#. 인간은 신적인 영성과 함께 동물적인 불합리, 모순, 연약함 등이 공존하는 '지킬과 하이드' 같은 존재다. 때문에 인간이 신적인 존재가 되는 것은 본질적으로 불가능해 보인다. 그럼에도 영혼과 육체가 조화로운 그런 상태를 향해 끊임없이 나아가는 것, 그것이 바로 바람직한 삶의 모습일 것이다. 우리가 타고난 속성과 오랜 타성에 젖어 '지금·여기'에 충실하지 못하거나 영성(靈性)의 가치나 몰입의 즐거움을 알지 못한다면, 참삶을 살지 못하고 '거짓나'의 삶을 살아갈 수밖에 없다.

그리고 마침내 인생을 마감할 즈음에 이르러서야 '참나'를 잊고 살아왔음을 뒤늦게 한탄할 뿐이다.

#. 성공적인 삶은 누구에게나 쉽게 주어지지 않는다. 성공은 모든 세세한 부분을 철저히 완성시키기 위한 지속적이고 강도 높은 노력에서 비롯되기 때문이다.

아울러 삶의 성패에 대한 판단은 제3자가 아닌, 결국 당사자의 '참나'가 내린다. 그렇기에 자신이 추구하는 목표를 향한 부단한 노력, 스스로 만족하는 이른바 오유지족(吾唯知足)의 마음가짐이야말로 가장 바람직하고 성공적인 삶의 태도가 아닐까.

#. 한 번뿐인 소중한 삶에서 '능력과 참삶의 길'이란 어떤 것이며, 어떤 방법으로 어떤 목표나 가치를 추구하며 살아야 할 것인가 하는 개인적인 경험을 정리해보고자 했다. 많은 이야기를 전하려는 욕심이 앞서 중언부언하다보니 논지가 다소 흐려진 대목도 보인다. 눈 밝은 독자라면 널리 헤아려 읽어주시리라 여긴다.

호흡법·몰입법을 통한
절대집중
공부법

참고문헌

박희선, 『기적의 두뇌혁명』, 한강수, 1993.

티모시 윌슨 지음, 진성록 옮김, 『나는 내가 낯설다』, 부글북스, 2007.

하루야먀 시게오 지음, 박해순 옮김, 『뇌내혁명』, 사람과 책, 1996.

장현갑, 『마음 vs 뇌』, 불광출판사, 2009.

김정빈, 『마음을 다스리는 법』, 둥지, 1997.

B.S라즈니쉬 강의, 석지현 옮김, 『명상비법』, 일지사, 1981.

미하이 칙센트미하이 지음, 이희재 옮김, 『몰입의 즐거움』, 해냄, 1999.

박희선, 『생활참선』, 정신세계사, 2002.

석지현, 『선(禪)으로 가는 길』, 일지사, 1975.

가도와끼 가끼찌 지음, 김윤주 옮김, 『선과 성서』, 분도출판사, 1985.

크리슈나무르티 지음, 권동수 옮김, 『자기로부터의 혁명』, 범우사, 1982.

설기문, 『최면과 전생퇴행』, 정신세계사, 2000.